山があって海があって、美味しいものが豊富！
穏やかだけど面白い長崎人！

長崎共和国のオキテ100カ条

～「でんでらりゅう」を極めるべし！～

下柳　剛　監修　　月刊九州王国編集部 著

「祭り・イベント」のオキテ

「芸能＆テレビ」のオキテ

「学校」のオキテ

「観光地」のオキテ

「交通」のオキテ

「風習・土地」のオキテ

「言葉」のオキテ

このデータは２０１６年3月現在のものです。

下柳　剛の「ながさきコラム」

大人になって初めて知る故郷の良さ

長崎共和国のオキテ100カ条

山があって海もあり、美味しいものが豊富で何より人が穏やか。これが、故郷を出て改めて感じた長崎の特徴です。高校を出るとすぐ長崎を出たので、それまでは長崎のいいところなんて身近すぎて考えたこともありませんでした。しかし東京や大阪などの都会で生活してみると、長崎の良さが改めて身に染みるんです。小学生のときは夏場に釣りをしながら、暑くなったら着の身着のまま海にドボンと入って泳いだり。わざわざ「海水浴場」なんてところに行かなくても、そのへんでいくらでも泳いでましたね。中高はさすがに野球一辺倒だったので、あまり遊んだ記憶はないのですが、幼少時代を長崎で過ごせたのはいい経験だったと今でも思います。

引退後に長崎で仕事をする機会をいただき、よく帰ってくるようになったのですが、大人になって初めて知る故郷の良さもありますよね。とにかく食べ物のおいしさは際立っています。からすみやくじらなど、お酒に合う逸品が多いし、長崎は牛肉のレベルが高い。魚が美味しい地域であることは間違いないのですが、肉の美味しさも特筆すべきレベルです。大阪に行って「たこ焼き屋多いな！」と思ったのですが、同じくらい長崎にはちゃんぽん屋があるし（笑）。ちなみに、観光客の方は中華料理店でちゃんぽんを食べることが多いと思うのですが、長崎県民は定食屋でちゃんぽんを食べます。家の近所のお気に入りの一軒がたいていあるもんです。私も帰ってきたら必ず行くお店があります。もはやソウルフードの一つですね。

九州屈指の観光県であることや、特異な歴史を辿ってきたこともあり、長崎県は他地域とは少し異なる独自の文化、習慣が根付いているように思います。この一冊で長崎の人は大いに「あるある」とうなづき、他県の人は「長崎に行ってみたい」と思ってもらえるきっかけになると嬉しいですね。

下柳剛

他県民にも教えたい！

長崎あるある話・トップ10

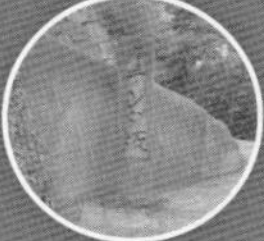

他県民にも教えたい！

長崎あるある話・トップ10

オキテ1

ミルクセーキは食べ物です。

下柳からひとこと

逆に他県で飲み物であるということを知りませんでした。

太めのグルメリポーターたちが口グセのようにいう「カレーは飲み物」というフレーズに似ているが、長崎市内在住の人間に言わせれば、「ミルクセーキはれっきとした食べ物」なのだ。

卵、練乳、砂糖とかき氷を混ぜたシャーベット状のデザートが長崎流のミルクセーキ。そのはじまりは大正時代から昭和のはじめで、考案したのは長崎市内にある老舗喫茶「ツル茶ん」だと言われている。地形がすり鉢状の長崎市は夏の暑さが厳しい。そんななか、人々を冷たいスイーツで癒したいとこの味を当時のご主人が生み出したそうだ。

その後、市内の喫茶店やレストランにも広がり、今では長崎のミルクセーキは観光客にも知られる存在となった。県外で液体状のミルクセーキを見ても全くそそられないほどに、県民の舌にはこの固体ミルクセーキがしみついている。

他県民にも教えたい！

長崎あるある話・トップ10

オキテ2

ショートケーキの上にはイチゴじゃなくて黄桃をのせるべし。

下柳からひとこと

イチゴのショートケーキと黄桃のシースクリームがあったら、迷わず黄桃を選ぶね。

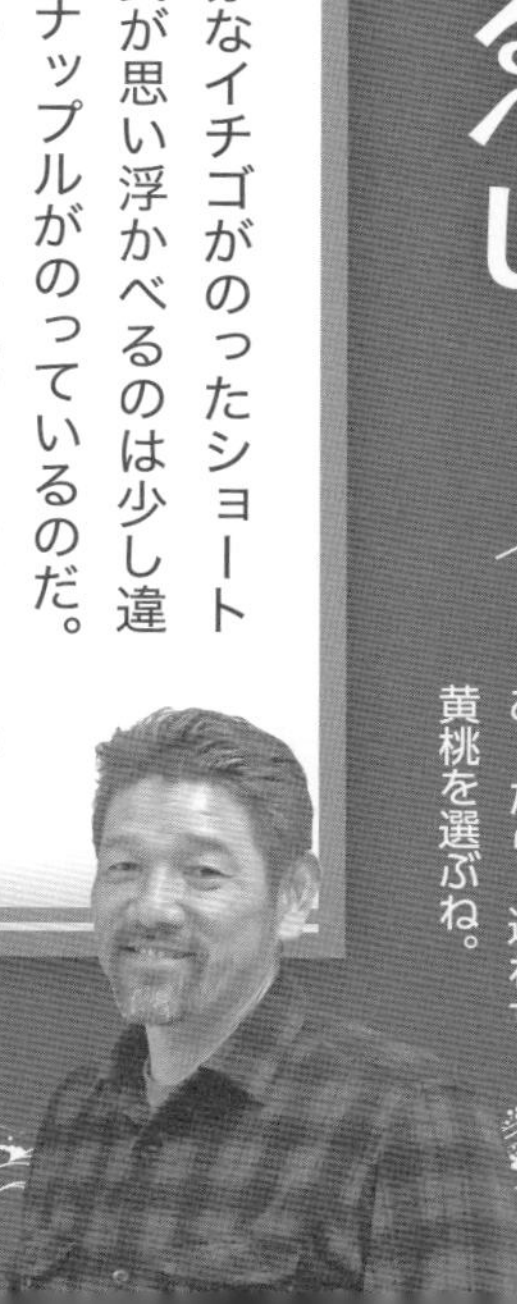

ケーキの定番といえば真っ赤なイチゴがのったショートケーキが一般的だが、長崎市民が思い浮かべるのは少し違う。イチゴではなく黄桃とパイナップルがのっているのだ。これは梅月堂が発祥の**「シースクリーム（シースケーキ）」**というケーキで、現在ではたくさんの洋菓子店で作られている。考案した頃、生のイチゴに比べて缶詰の黄桃とパイナップルが手に入りやすかったことからこの組み合わせが生まれたそうだが、今となっては長崎市民にとってはショートケーキというとこのペアしか頭に浮かばない。むしろイチゴのショートケーキを見ると、珍しくて買ってしまうほどだ。

他県民にも教えたい！

長崎あるある話・トップ10

オキテ3

カステラは「耳」の方こそ食べるべし。

長崎土産の定番といったら長崎カステラ。だが本場長崎の人々は**贈り物用のカステラ本体よりもカステラの耳をよく食べる。**カステラを作るときに余る耳は長崎のカステラ屋では普通に店頭に並ぶ商品。価格もお手頃でおやつにぴったりと、隠れファンが多い。きれいにカットされたカステラもおいしいけど、あれはお持たせにしたり、ハレの日だったりのちょっと格上の食べ物。家でテレビを見ながら気軽に食べるには、耳が最高なのだ。最近は様々な味のカステラが作られているため、一パックで何種類もの味を楽しめる「耳パック」が熱い。

下柳からひとこと

耳が袋に入ってるあれ、美味しいよなー。

他県民にも教えたい！

長崎あるある話・トップ10

オキテ4

ペーロンのニュースで夏を感じるべし。

生粋の長崎県民、特に長崎市内で生まれ育った人たちは、大人になっても地元町内の繋がりを大切にしている人が多い。おくんちの踊町などはその最たるものだ。しかし、おくんちの場合はあくまで奉納踊りなので各町が切磋琢磨し祭りを盛り上げるといった雰囲気があるのに対

下柳からひとこと

夏には必ずニュースで流れるね。長崎の夏の風物詩。

し、**町同士が闘争本能を剥き出しにして熱いバトルを繰り広げるのが、夏の「長崎ペーロン選手権大会」である。**日本におけるボートレースの元祖ともいわれているペーロン。各町選りすぐりの精鋭たちが龍を模したペーロン船に乗り込み、長崎港でそのスピードを競い合う。打ち鳴らされる太鼓や銅鑼《どら》のリズムに呼応し躍動する筋肉は、長崎の夏を熱くする。大会当日はもちろん練習期間からライバル同士が火花を散らすため、繁華街では血気盛んな若者たちの小競り合いもあるのだが、大事に発展させないようしっかりと年長者が睨みをきかせている。江戸時代にさかのぼると、競漕が加熱しすぎて大乱闘となり死者まで出す事件に発展。長崎奉行により競漕禁止令が出されたというから、血の気が多いのは長崎の土地柄かもしれない。

「長崎ペーロン選手権大会」長崎市　写真提供：長崎県観光連盟

他県民にも教えたい!

長崎あるある話・トップ10

オキテ5

給食でよりよりがでるし、運動会にはちりんちりんあいすのおばちゃんが来る。

長崎には独特のお菓子がある。通称**「よりより」**はその一つ。中華料理のお菓子で「麻花兒(マファール)」が正式名称だが、螺旋状にねじったような形からこの通称の方

が知られている。学校給食に出されるほど長崎に根付いたお菓子で、とにかく固い。食べる時に油断できないデンジェラススイーツだ。

学校で味わうスイーツと言えば、もう一つ長崎名物**「ちりんちりんあいす」**。長崎市内の有名観光地におばちゃんたちが屋台を引いて現れ、チリンチリンと合図の鐘を鳴らすことから、この名が付いた。コーンにヘラでアイスを盛るおばちゃんたちのなかには、見事にバラの形を作ってくれる匠も。彼女たちは運動会が行われる学校にも颯爽と現れる。見学に来た家族や親戚たちがアイスを味わいながら競技を見守るのは長崎ならではの風景だ。

下柳からひとこと

校門を出てすぐのところにおばちゃんがいるのが嬉しかったなぁ。

他県民にも教えたい！

長崎あるある話・トップ10

オキテ6

オランダ坂が有名だが、3つ有ることはあまり知られていない。

オランダ坂と言えば多くの人が思い浮かべるのはホテルニュータンダ横から活水女子大学に通じる坂のこと。ガイドブック等でもここがよく写真にあがっているため、人々の「オランダ坂」イメージが定着しつつあるが、そもそも開国後に東洋人以外を「オランダさん」と呼んでいた長崎の人々が、**「オランダさんが通る坂」**という意味で名づけているだけあって、その存在は一つではない。現在は上記の一つに加えて活水坂、誠孝院前の坂の二つも正式な「オランダ坂」だ。坂自体は、当然だがただの「坂」なので特に見どころもなく、「がっかり名所」の一つとも言われているが、この一帯に残されている洋館群は美しい。長崎観光の際には「オランダ坂たちと、その周辺」を観ることをおすすめしたい。

他県民にも教えたい!

長崎あるある話・トップ10 オキテ7

九十九島の島の数は99個じゃない。

これはさすがに県外の人も知ってるんじゃない??(笑)

下柳からひとこと

佐世保から平戸にかけて広がる西海国立公園、通称九十九島は、現在公式には208の島があると言われている。**数がたくさんある、という例え言葉として「九十九」と名付けたといわれている**が、2001年に市民ボランティアが地道に調査した結果、208島あることが判明した。とはいえこのカウント、満潮時に水面から1つと数えられる島であること、また陸の植物が生えていることの二つの条件を満たした島の数なので、実際にはもっと多くの島らしきものを数えることができる。

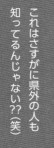

他県民にも教えたい！

オキテ8

「でんでらりゅう」を極めるべし！

下柳からひとこと
当然、めっちゃ早く歌えます。

長崎県出身の女優、仲里依紗出演のテレビコマーシャルに登場したことでその知名度が全国区となった童歌「でんでらりゅう」。長崎出身者のほとんどがこの歌を口ずさむことが可能で、手遊びの動きをつけて覚えている人も多い。「(家を) 出ることができたなら伺いますが、出ることができないので行けません」というような意味である。現代でも飲み会などの誘いに「行けたら行くよ～」と言う人が実際に行かないことは多いので、この童歌は長崎人の本質を見抜いているのかもしれない。小学校などでは誰かが歌いだしたら、必ず周囲の子どもたちも歌いだす。さらには「私の方が早く歌える」「僕の方が1秒早かった」など、**いかに早口で歌えるかが子どもたちにとっての勝敗の目安となっている。**

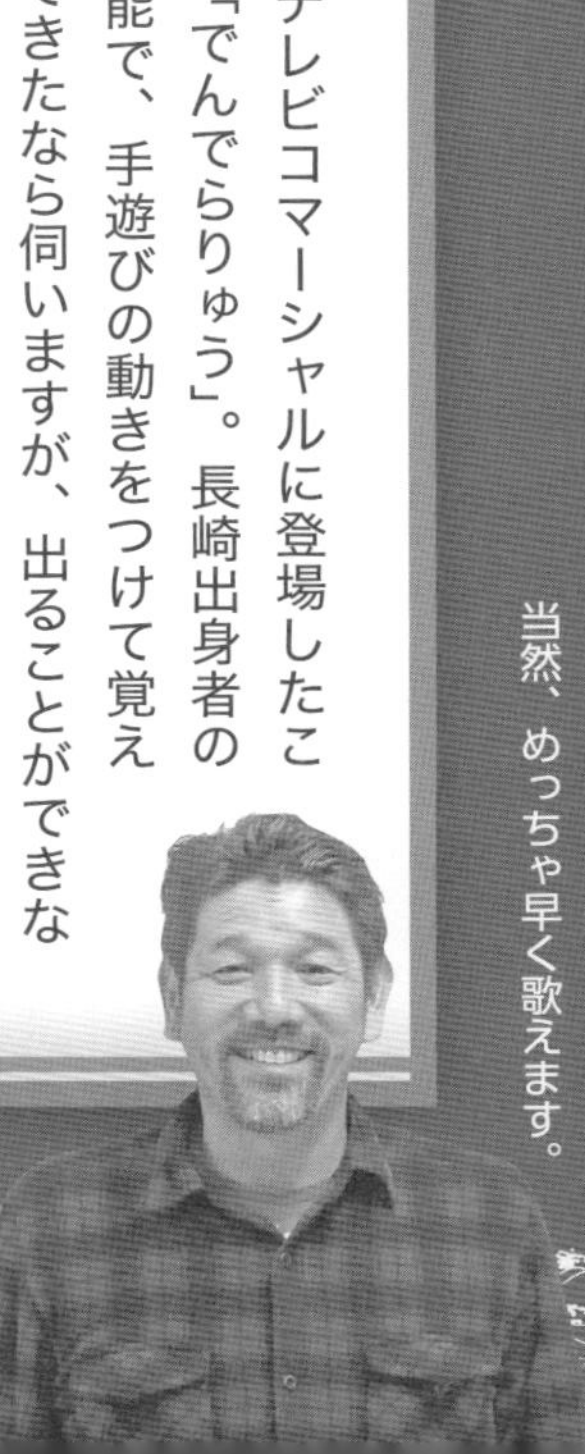

長崎あるある話・トップ10 オキテ9

この一言で通じてしまう便利な「ぬ」。

ひと文字で意味を持つ長崎のことば。この「ぬ」は動詞。「ぬ＝寝る」の意味。「ぬ」の後に「っ」が入ると、さらに強い意志を表す。「オイ、もう、ぬっけん！」「そろそろ、ぬっばい」のような感じ。ただし、命令形は「寝れ」で「ぬれ」ではない。不思議だ。

長崎あるある話・トップ10

オキテ10

「龍」という漢字をついつい「じゃ」と読んでしまう。

長崎の人間はお祭りが好きだ。長崎市の大きなお祭りとして全国的に有名なのが「長崎くんち」。お諏訪さん（諏訪神社）の秋の大祭で、傘鉾や大きな船といった町内ごとの伝統の出し物が町を練り歩き、多くの観光客が訪れる。

様々な出し物のなかでも、**おくんちを代表する出し物と言えば、**

「龍踊《じゃおど》り」だ。お祭り以外でも結婚式などのお祝いの席にもしばしば登場し、賑やかに演出してくれる。長崎っ子は「龍」を「じゃ」と読むことに幼い頃から慣れているため、「龍」の文字をついつい、「じゃ」と読むことがあるという。長崎ゆかりの人物なのに、坂本龍馬とお龍さんに思わず「じゃ、りょうま」と答えたり、テレビで烏〝龍〟茶のCMが流れた時、一瞬戸惑ってしまう長崎人も少なくない。

「龍踊り」長崎市　写真提供：長崎県観光連盟

オキテ 11

お正月にはくじらを食べるし、ナマコも食べる。

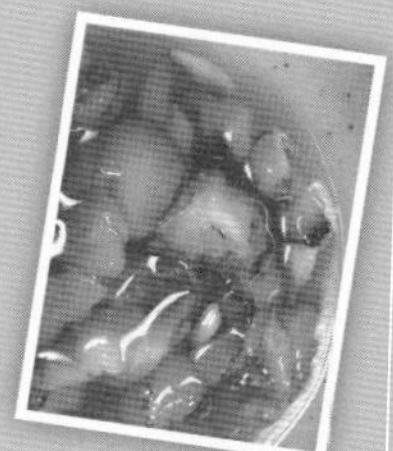

オキテ 11 ➡ お正月にはくじらを食べるし、ナマコも食べる。

下ネタから
ひとこと

かつて江戸時代には捕鯨が盛んだった長崎。その後長らく、長崎の食文化の中に鯨はしっかりと根付いていった。今でこそ捕鯨の規制により鯨肉は高級な食べ物となってしまったが、**50代以上の人たちの子ども時代には赤身や湯掛け鯨などが日常食として食卓に並び、学校給食にも鯨の竜田揚げが出されていた。**現在でも、長崎の人たちと鯨の結びつきは深く、畝須（うねす）などの高級な部位は、縁起物としてお正月や結婚式などの祝いの席で出されている。

また、人生でほぼ口にすることがない人もいるであろう「なまこ」も長崎の人たちにとっては正月料理に欠かせない一品だ。形状が米俵に似ていることから、豊作を願うという意味で縁起物として愛されている。「あれが米俵!?」と悲鳴をあげる女子も多いだろうが、長崎の女性たちは平気でひょいと掴んでスッと包丁を入れていくのだ。

くじらはお正月に限らず、見かけたら必ず食べるなぁ。

オキテ 12

かまぼこ大好き！牛肉をかまぼこにした牛かんも。

長崎市民はかまぼこが大好きだ。総務省の調べによると、**一世帯のかまぼこへの支出額は仙台に続いて全国第二位**(2007年総務省調べ)である(その他魚肉加工品を含めると日本一だそうだ)。魚介類が豊富な長崎は昔から豊富な海の幸をそのまま味わうのはもちろん、かまぼこなどの練り物として楽しんでいた。現在も市内各所に専門店があり、その数は日本一だと言われている。おくんちやお正月などのハレの日には必ず口にし、また、長崎市街地から式見漁港近くの蒲鉾店まで早朝から揚げたてを求めて足を伸ばす人もいるほど。ちなみに長崎では**「かんぼこ」**と発音する。

かまぼことといえば、**長崎にしかないかまぼこもある。**まずは**「竜眼」**。ゆで卵を魚肉でまるまる包んで揚げたおせちにも欠かせない一品。卵の周りがピンクに色づけられており、切った姿が竜の目玉に見えることから、この名が付いた。もう一つは**「牛かん」**。これはおでんの具材として人気。〝牛〟肉の〝かん〟ぼこだ。どちらも他の地域で出合うことはない長崎郷土の味だ。

オキテ13

皿うどんにはソースをかける。親戚の集まりでは大人数分の大皿皿うどんをデリバリーするべし！

パリパリの揚げた細麺皿うどん

オキテ 13 ➡ 皿うどんにはソースをかける。
親戚の集まりでは大人数分の大皿皿うどんをデリバリーするべし!

つるつるの太麺皿うどん

皿うどんといえば、ちゃんぽんと人気を二分する長崎を代表する麺料理だ。パリパリの揚げた細麺と食感の良いつるつるの太麺がある。ここでまず、**細麺派か太麺派**かに分かれる。そして調味料。そのまま食べる派ももちろんいるのだが、たいてい長崎では**ウスターソース**をかける。つまり、長崎の皿うどんは大まかにいうなら、**人によって楽しみ方は4通り**あると言える。ソースとお酢のダブルかけ派も少数ながら存在する。

また、長崎の人にとっては皿うどんは個食メニューではなく、大皿のものを取り分けながら楽しむのが王道。お店だけでなく、出前を頼む定番メニューのひとつでもある。親戚の集まりや宴会の席では大皿皿うどんが食卓に並び、みんなで取り分けるのが一般的。残業時の夜食としても人気の絶対的ソウルフードだ。

下柳からひとこと

県外の人は酢をかけるらしいけど、長崎県民は絶対ソース。親戚の集まりごとでは寿司盛りの代わりに、大皿の皿うどん。当たり前だと思ってました。

オキテ 14

おすすめのちゃんぽん屋を教えてと聞かれると「リンガーハット」と答えてしまう。

オキテ 14 おすすめのちゃんぽん屋を教えてと聞かれると「リンガーハット」と答えてしまう。

県外の人々から聞かれて回答に困る質問その一が「ちゃんぽんはどこのお店が美味しいですか?」。ちゃんぽん発祥の店「四海楼」かはたまた、中華街の「江山楼」?うーん、自宅近くのあの店も捨てがたい…。**困った挙げ句の答えが「リンガーハット」。**長崎市街地はじめ、県内各地のロードサイドにも店舗が多い。野菜たっぷりで、どのお店に入ってもいつも安定した味わいが楽しめる上、サイドメニューが多いのも長崎県民に支持される要因だ。全国チェーンのお店をすすめるのは県外の人をバカにしているのではなく、**本当にリンガーハットが好きだから純粋に推薦しているのだ。**

県外の人に聞かれて同じくらい困る質問が「カステラってどこのが美味しいの?」。これも悩む〜。カステラの元祖「松翁軒」?コウモリマークでおなじみの「福砂屋」?あ〜やっぱり「文明堂」もいいし、「和泉屋」も……。

間違いなく美味しいからね。ちなみに限定店舗では自分好みの具を選べる「マイちゃんぽん」ってのもあります。

下柳からひとこと

オキテ 15

実は牛肉が自慢。お肉そっくりの「お魚ステーキ」も美味しいよ。

オキテ 15 実は牛肉が自慢。お肉そっくりの「お魚ステーキ」も美味しいよ。

タイやヒラメ、アジなど**日本一の漁獲量を誇る水産王国の長崎県。**しかし、実は牛肉も自慢の逸品だ。5年に一度開催される肉牛の品質を競うコンテスト**「全国和牛能力共進会」の第10回大会において長崎和牛は見事日本一に輝いた。**長崎和牛以外にも五島牛や壱岐牛といったブランド牛の評価も高く、日本各地のレストランで提供されている。牛肉は隠れた長崎の名産品で、長崎県民はひそかに誇りに思っているのだ。

しかし、地元と言っても長崎のブランド牛はちょっぴり高額。そんな時に活躍してくれるのが杉永かまぼこの**「お魚ステーキ」**。魚肉をステーキの外見に似せて作った栄養満点の長崎の県民食だ。県外に出た長崎出身者も時々食べたくなるという要望に応え、地方発送も行っている。

本当に肉が美味しいんだよなー。
五島牛とか、最高。

お魚ステーキ

オキテ16

トルコライスはトルコ公認ではない。そしてレモンステーキはステーキではない。

オキテ 16 トルコライスはトルコ公認ではない。そしてレモンステーキはステーキではない。

ピラフ、スパゲッティ、とんかつを一皿に盛り付けた「トルコライス」は長崎では洋食屋の一般的なメニューだ。その名前の由来は諸説あるが、世界三大料理の一つであるトルコ料理にはトルコライスのようなものはなく**トルコとトルコライスとの共通点は見当たらない。**長崎県民がこの長崎発祥のトルコライスを愛してやまないことをトルコ人は知らないのは残念。しかもトルコの料理人にトルコライスを紹介したところ、あまり良い反応ではなかったそう。なぜならイスラム教圏のトルコでは豚を食べることは禁じられているため。トルコの人にトルコライスを食べてもらうのは難しそうだ。

また、同じく**長崎発祥の「レモンステーキ」**もステーキという名前でありながら、その姿は全国の皆様がご存じの「ステーキ」とは別物。すき焼き肉のような薄切り肉を鉄板の上で焼き、レモン風味のソースをかけたものだ。日本人にはボリュームがありすぎたステーキを、昭和30年代に佐世保でアレンジして考案された。今では佐世保バーガーと、佐世保名物の双璧を成す存在だ。

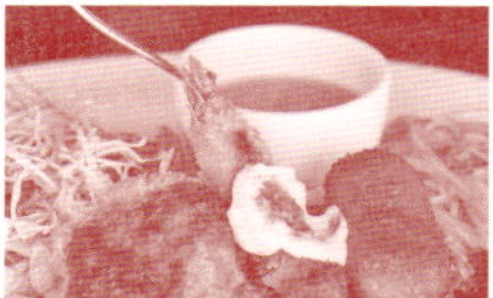

トルコライス

レモンステーキ

オキテ 17

やなせたかし先生が生みの親の佐世保のキャラクター「バーガーボーイ」は実は改名している。

オキテ 17 やなせたかし先生が生みの親の佐世保のキャラクター「バーガーボーイ」は実は改名している。

今や全国区の長崎グルメのひとつ**「佐世保バーガー」**。大型チェーンのバーガーショップと違い、お店ごとに個性を活かしたメニューづくりが人気の秘訣だ。その味を全国へ広げるためにゆるキャラもひと役買っている。**「佐世保バーガーボーイ」。**デザインしたのは「アンパンマン」の生みの親である、やなせたかし氏。当初はアンパンマンの登場人物のひとり「ハンバーガーキッド」を佐世保バーガーのマスコットにと希望したが、**「せっかくならオリジナルをとやなせ氏が佐世保のために新たにデザイン**したのが「佐世保バーガーボーイ」。キッドよりちょっと幼めの親しみやすいデザインとなった。

しかし、誕生時には別の名前が付けられていた。その名は「佐世保バーガーバーバー」。「バーガーを（どうぞ）」という佐世保弁に由来するが、分かりにくいために変更となった。

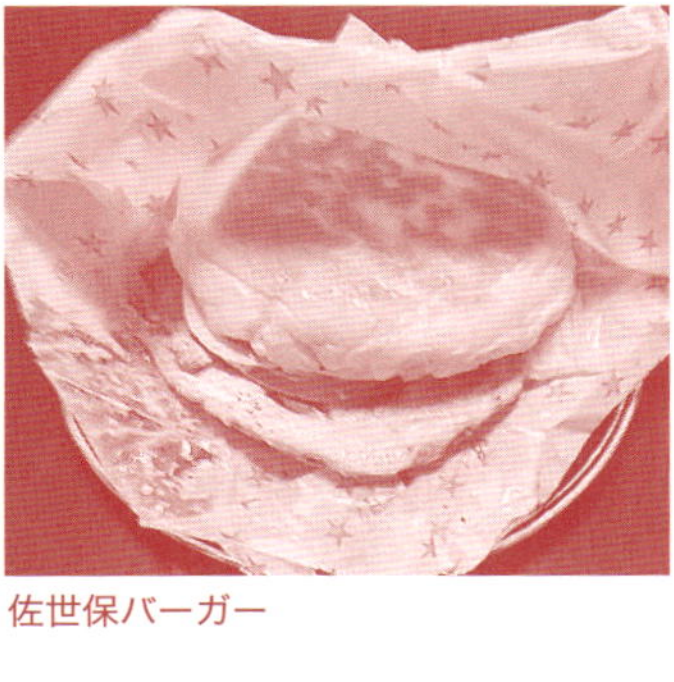

佐世保バーガー

オキテ 18

かき氷の中、またはかき氷の上には砂糖をかけるべし。

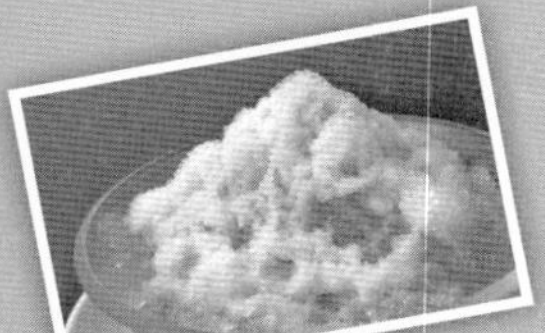

オキテ 18 かき氷の中、またはかき氷の上には砂糖をかけるべし。

夏の風物詩、かき氷。最近では氷の上に生クリームやマスカルポーネとココアパウダーなどがのったいわゆるアレンジ系かき氷がスイーツ好きの女の子たちに大人気だ。しかし、実は長崎では随分と昔からこのアレンジかき氷が普通に食べられている。もちろん、小洒落たカフェだけではなく、路地裏の商店でも、某ねずみのキャラクターの目玉がキョロキョロ動く家庭用かき氷器でも簡単に作れちゃう。まず氷をシャリシャリと削り、器の淵ギリギリまで入れる。**ここで「白砂糖」をパラパラとふりかける。**その上から更に氷を削ってのせて、こんもりなるまで削っていく。**そしてここで再度多めに「白砂糖」をふりかける。**最後にお好みのかき氷シロップをかけて完成！氷の白さを保つために「白砂糖」にすることがポイントだ。これはレシピの一例だが、かき氷に砂糖をアレンジする食べ方は長崎県民にとって普通のことなのだ。

この作り方が派生してミルクセーキが生まれたんじゃないかと思ってます。
下柳からひとこと

オキテ19

寿司は切っていただくべし！

江戸前の寿司を想像してオーダーすると度肝を抜かれるお寿司がある。それが**大村寿司**。**大きめの四角い木箱にご飯を敷き詰め具材を乗せた押し寿司**で、それを切り分けて味わうのがこのお寿司の正しい食べ方だ。

誕生は15世紀。大村の領主が戦に勝利し生き延びたことを祝う宴の際に、領民が料理を用意したものの、器が間に合わず、もろぶたという木箱に食材を詰めて出したところ、兵士たちが脇差しで切りながら食べたことに由来するという。

オキテ 20

長崎県民は甘口麦味噌が好き。

どうやら全体的に甘いものが好きらしい長崎県民。遡れば南蛮貿易でいち早く砂糖が入り、鎖国後も貿易港という恵まれた環境で砂糖に欠くことがなかったそのDNAが刻み込まれているのか、いないのか。当然、毎日食べる味噌汁に使う味噌も**甘口の地元の醸造蔵で作られた麦味噌が主流。**もちろん、具材に合わせて辛口の赤みそにすることもあるが、「これ、これ♪」とおふくろの味を感じるのはやはり甘い麦味噌なのだ。

オキテ 21

胡麻豆腐は甘くあるべし。

「胡麻豆腐」は甘いのが当たり前。 そう思っているのは長崎県民だけ。ほかの地域で食べる甘くない胡麻豆腐はどことなく物足りないと感じてしまうのだ。これは鎖国時代の日本において、オランダや中国と交易のあった長崎だけが砂糖を手に入れることができ、大量の砂糖を使用することが最大のもてなしであったことの名残だろうといわれている。

他県の人が長崎の胡麻豆腐を食べたら食後のスイーツだと思うそうだが、もちろんこれはおかずの一品。 醤油や甘めの味噌ダレをかけて食べるべし。

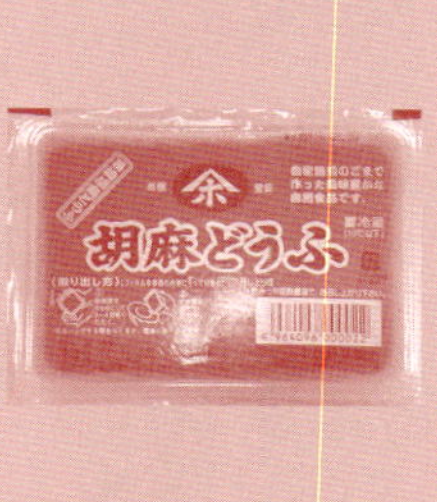

オキテ22

名水が作り出した島原名物「寒ざらし」。ちなみに島原名物「ろくべえ」は芋の麵。

街のいたるところで清水が湧き、豊かな水量を湛える島原湧水群は日本名水百選にも選ばれている「水の都」。白玉団子に透明なシロップをかけた**名物「寒ざらし」**はこの湧水がなければ作ることができなかったといわれている。同じく島原名物の**「ろくべえ」**はさつまいも粉に山芋をつなぎとして作られる甘みのある麵。この「ろくべえ」にも島原の人々がハレの日には必ず食べる海と山の幸がふんだんに入った「具雑煮」にも、きれいな湧水が欠かせない。島原の人々にとって湧水は郷土料理になくてはならない存在だ。

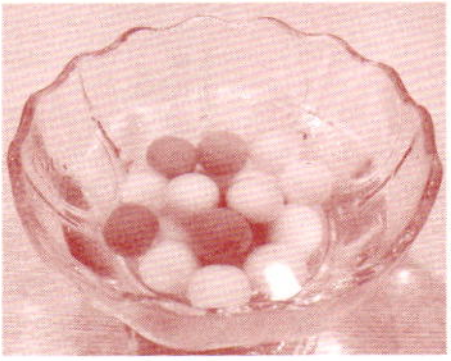

寒ざらし

オキテ 23

パフェといえばカフェオリンピック。シュークリームといえば、蜂の家。

左のみかんと比べてみよう

「蜂の家」名物シュークリーム

オキテ 23 パフェといえばカフェオリンピック。シュークリームといえば、蜂の家。

長崎のスイーツはダイナミック！ 2軒とも地元では知らない人はいない有名店だ。ひとつは長崎市浜の町にある **「カフェオリンピック」。** 店名さながら、とにかくメニューの何もかもがその大きさを競い合っている。なかでも、パフェは高さ最大120センチのものがあるというから驚きだ。他にも1キロ、2キロ級の『トルコライス』などの完食を目指して、全国からチャレンジャーたちが訪れている。

ふたつめの店は、佐世保市内で古くから愛されている **「蜂の家」** だ。こちらの名物シュークリームはただ大きいだけじゃない。中にはカスタードクリームとバナナとシナモンの効いた焼きリンゴがゴロッと入っているのだ。このシュークリームが誕生したのが、まだ戦後10年も経っていない頃だったというから驚き。また、シュークリームに添えてある瓢箪型の醤油ケースの中身はもちろん醤油ではなく、練乳と砂糖で作った甘いスカッチソース。シューの蓋を取って、甘いソースをかける。こくのある甘みのソースとフルーツの酸味、カスタードに入ったラム酒の香りとソースが合わさって、至福のひとときだ。

オキテ24

かんころもちとあんころもちの違いがわかる。

「かんころもち」といわれて「あんころもちの間違い？」と言うと長崎県民ではないことがすぐにばれてしまう。**「かんころもち」とは「かんころ」という干したさつま芋と餅を一緒についたもの**で、米の収穫が少ない時代に作られたものだった。今でもその素朴な風味が無性に懐かしくなる長崎県民多し。「かんころもち」と「あんころもち」は全く別の食べ物なので間違えないように注意が必要。

下柳からひとこと

これは当たり前でしょ！かんころもちとあんころもちは全くの別物！

オキテ 25

ひなまつりといえば、ひなあられより桃カステラ。

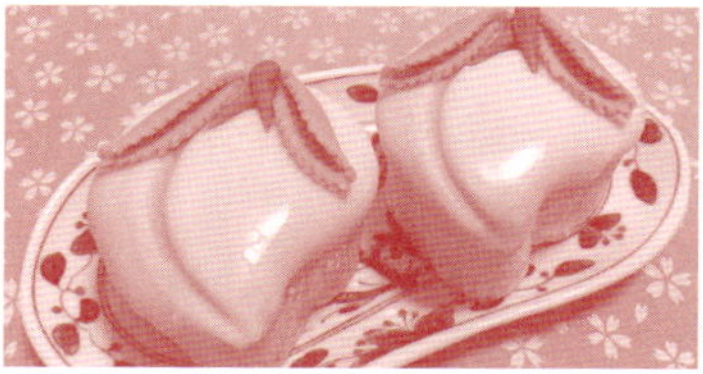

南蛮文化と中国文化が混ざり合う長崎ならではの「桃カステラ」は、カステラ生地の上に中国で**縁起の良い食べ物とされている桃の絵が描かれたかわいらしいスイーツ。**桃の節句には欠かせないひとつだ。もともと初節句の内祝いとして用いられていたが、今ではさまざまなお祝い事の贈り物として活用されている。子供のころから食べ慣れている長崎の人々は「ひなまつりのお菓子といえば」ひなあられより断然「桃カステラ」に軍配が上がる。

桃カステラのあの強烈な甘さは、女の子の食べ物って気がする。
下柳からひとこと

オキテ26

ももたろうといったら豚まん。もちろん十個単位で購入するべし。

長崎の人々は豚まんが大好き。17世紀に中国から伝わるとたちまち広まり、ほとんどの家庭でおやつや食事に度々登場する。連日一万個以上も売り上げる「長崎ぶたまん桃太呂」は豚まんの老舗。長崎の人が「ももたろう」というときはたいてい豚まんの話だ。**大きさが一口サイズなので、手軽につまめる**のも嬉しい。大食漢なら一人で10個くらいいけるかも。ということで、購入するときはもちろん10個単位になってしまう。家族分を考えると30個、40個…も余裕。手土産にも最適で、訪問先でも必ず喜ばれる長崎名物だ。

長崎ぶたまん桃太呂

オキテ 27

ピーナッツは茹でるべし！

柔らかな食感と塩味で手が止まらなくなるほどおいしい「塩ゆで落花生（茹でピーナッツ）」。**落花生の産地である大村で、落花生農家が売り物にならない落花生を茹でてみたらおいしかったことから、**塩ゆで落花生がおつまみの定番となったのだとか。乾燥したピーナッツよりも茹でた落花生の方が好きだという人も多く、大村では子どもから大人まで新鮮な茹で落花生を食べている。殻ごと茹でられたふんわり柔らかな落花生は、採れたてが手に入る地域でないと食べられない特別な味だ。

オキテ 28

豆乳は甘いし、羊羹をクッキーに挟むし、独特の甘味文化を持つ佐世保。

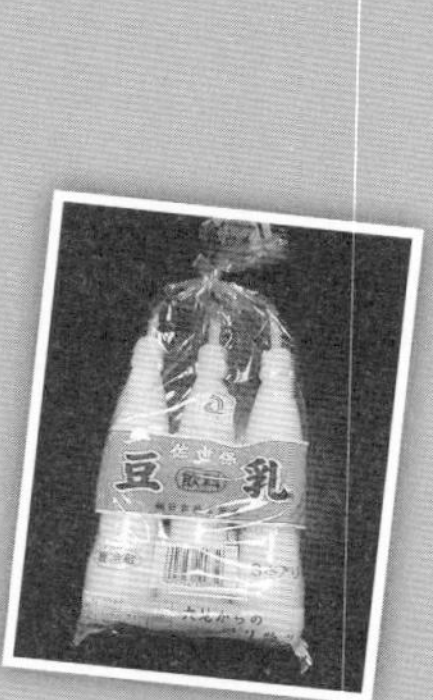

オキテ 28 豆乳は甘いし、羊羹をクッキーに挟むし、独特の甘味文化を持つ佐世保。

日本一長いアーケード商店街を持つ、長崎第二の都市・佐世保。旧日本海軍によって開発された港町は戦後、アメリカ軍の基地が駐留。商店街にも外国人の姿が多く、長崎市とはまた違う国際都市の雰囲気を漂わせている。違うと言えば、食に対する好みも長崎市とはちょぴり異なる。例えば**「豆乳」**。栄養豊富のヘルシードリンクとして、カフェで「ソイラテ」などのメニューとして登場するようになったが、**佐世保では子どもの時からジュース感覚でゴクゴク飲める甘〜い砂糖入が主流だ。**逆に他の地域で豆乳を飲んだ佐世保人は甘くなくて驚くらしい。その容器もチューチューアイスのようなビニールに入っていて、給食でも出されている。そして、誕生から半世紀以上愛されている**佐世保銘菓「ぽると」**もまた独特。クッキー生地で柚子風味の羊羹をサンドしているのだ。甘い羊羹を甘いクッキーで挟むなんて、なんとも斬新。発案者に敬意を表したいくらい、オリジナリティあふれる不思議なお菓子だ。とにかく、佐世保人は甘いものが好きなようだ。

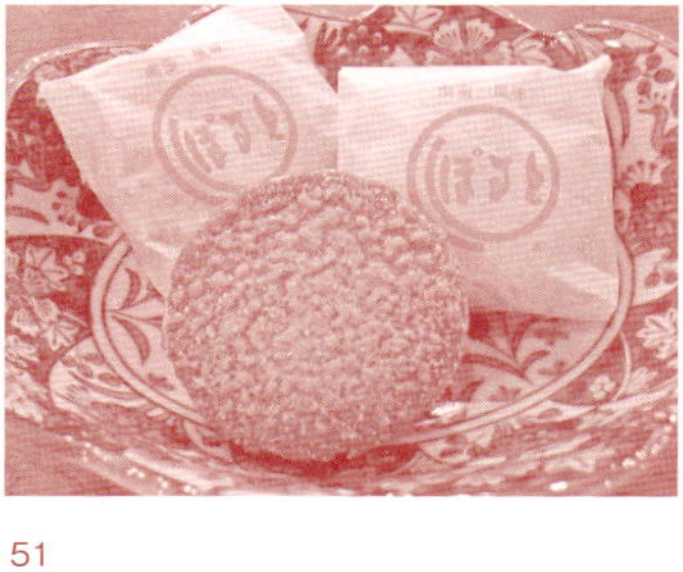

佐世保銘菓「ぽると」

オキテ 29

ハンバーガーだけじゃない、佐世保の餃子はデカイ!

古くから地元では愛されていたアメリカンサイズの大きなハンバーガーが「佐世保バーガー」として一躍全国的に知られるようになったが、実は佐世保には他にもジューシーでビッグな食べ物がある。

長崎市内と比べると少ないとは言え、佐世保にも中華料理のお店はたくさんある。その中でも、**名物「じゃんぼ餃子」で有名なのが市街地にある「天津包子館」という店。** 店内で食べる人たちもいるが、この餃子に関しては断然テイクアウトする人たちが多い。**しかも大量買い!!** 2箱、3箱買っていく人たちも当たり前なのだ。慣れた地元民たちは必ず電話で予約してから取りに行くという。**ニンニクが入っていない**から子どもも、翌日の臭いが気になる大人も安心して何個もいける。

もともと戦後、満州から引き揚げて来た初代社長の妻が、満州で食べた餃子を再現したのが始まりだったという。

天津包子館「じゃんぼ餃子」

オキテ 30

佐世保市民にとっての元祖ファミレスは牛右衛門。

全国から佐世保に進出したファミリーレストランは軒並み苦戦を強いられたに違いない。何といっても佐世保にはあの「レストラン牛右衛門」があるからだ。恐らく今の30代以上の人たちにとって子どもの頃に家族と食事をしたファミレスといえば断然この店をあげるだろう。この世代が親となり子どもと共に再び訪れる。メニューも洋食から和食、中華、スイーツまで充実しており、大人から子どもまで大満足のラインナップ。変わらぬ味とボリュームを安心のプライスで提供する、まさに**佐世保市民にとってファミリーレストランの先駆け**であり、今でも家族の強い味方なのだ。

レストラン牛右衛門

オキテ31 実は、中華街で食事をしたことがない。

県外の人からは、長崎県民は誕生日やお祝い事などの際、家族で中華街のお店に出かけ中華料理を楽しむというイメージを持たれがち。それ故、おすすめの店を教えてくれと尋ねられることも多いが、実はあまり中華街で食事をすることは少ない。企業の会合などで利用することはあるが、**家族で出かけるのはもっぱら近所の中華食堂だ。**中華街はあくまで観光客専用だと思っている。しかし、尋ねられたら「知らない」と言いたくないのが長崎人の性分。有名な店なら間違いなかろうと、よく名前を聞く名店を教えている。心の中で（食べたことないんだけどね）と付け足しながらのガイドだが、その名店の料理が実際に美味しいおかげで、事なきを得ている。

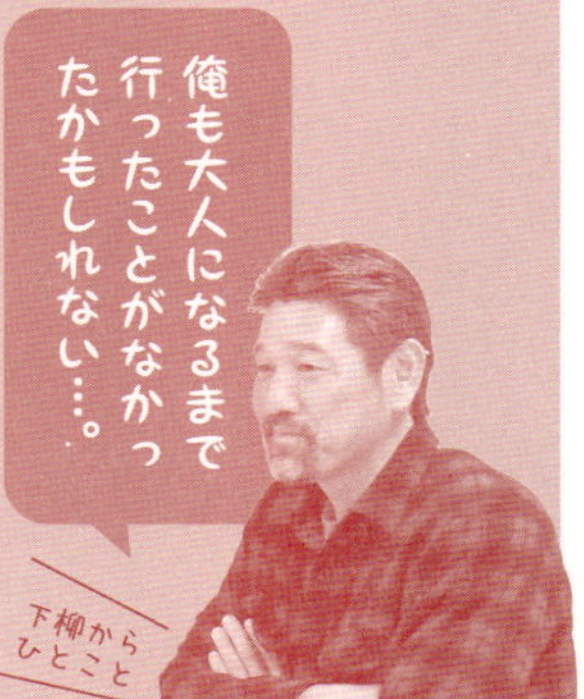
俺も大人になるまで行ったことがなかったかもしれない…。
下柳からひとこと

オキテ
32

飲食店で食べ残したら、『かぶりにして〜』と頼むべし。

大皿に盛られた豪華な料理が登場する長崎の宴会。子どもたちが大好きな揚げ物や長崎で多く水揚げされる鯛の塩焼きなど、素材の豪華さはもちろん、**量の多さも、お祝いの席の料理には大切な要素なのだ。**そうなると、当然手をつけていない料理も出てくる。そんな時には、お店の人に**「かぶりにしてください！」**とお願いすると、持ち帰り用のパックに詰めてくれる。午前様で帰宅するお父さんたちは、この「かぶり」次第で奥さまの機嫌がよくなることもあるので、メイン料理に初めから手をつけないという知恵者も。

　昔は刺身だろうとデザートだろうと「かぶりOK」だったが、最近は食中毒など衛生面の問題から「かぶりNG」のお店も多いので、最初に確認が必要だ。

　また、親戚の集まりでは、少なくとも一人はプロの仕出し屋のように美しく詰めてくれる「かぶりマイスター」のおばちゃんがいる。

オキテ 33

鉄火巻きには赤と白がある。

鉄火巻き「赤」

お寿司屋さんの人気メニュー「鉄火巻き」。マグロの赤身を細巻きにしたものが一般的だが、長崎では赤と白の鉄火巻きがある。**赤はもちろんマグロ、そして白はハマチなどの白身魚だ。**知らない人は驚くが、確かにお寿司はお祝いの席で注文することが多いので、紅白の鉄火巻きは華やかさを添えてくれるおめでたいお寿司なのだ。

下柳からひとこと

っていうか、むしろ白しか知らない。鉄火巻といえば、ハマチやろ！

オキテ34

男たちが赤ふんどしで鳥を取る驚愕の伝統芸能がある。

その名は**「鳥刺し」**。全国区のテレビ番組に度々取り上げられることもあるが、必ず「奇妙な伝統芸能」といった主旨で紹介される。長崎県民でも、直接「鳥刺し」を見物したことがあるという人はまれであろう。赤いふんどしを身にまとって、頬被りという出で立ち。その手には鳥を捕まえるための長い竿を持っている。お尻をふりふり天を刺すように踊る男たちの姿はユーモラスだ。雲仙市の伝統芸能で、17世紀に上洛した殿様が習い、領民に伝えた歴史ある舞踊。しかし、その**アバンギャルドな衣裳**からか、後継者不足に頭を悩ませているという。我こそは、という方は雲仙へ。

下柳からひとこと

県南のほうで行われる、本気で殴り合う「けんか祭り」もかなりの奇祭。

オキテ 35

アンコールではなくもってこーい！

下柳からひとこと

若いアーティストのライブ後でもやっぱり「もってこーい！」

ツアーで全国を回るアーティストたちにも、長崎県民のノリのよさは有名な話。アップテンポな曲では縦ノリも横ノリも気持ちいいくらいに反応が返ってくるし、しっとりと聴かせたいバラードでは涙を流しながら聴き入ってくれる。極めつけは、アンコール。**長崎では最後のアンコールの際に会場のあちらこちらから「もってこーい!」という声が上がる。**長崎県民なら当然ご存知の「もってこいコール」は、長崎くんちの際に、踊り場を一旦退場した演（だ）し物を呼び戻す際に、観客たちから掛けられる声援が元になっている。そのため、「もってこーい」と一度だけ叫ぶのは、素人だ。**「もってこーい、もってこい!」と2回重ね、しかも2回目を短く言うのが正しい。**会場内で誰かが第一声を発すると、周囲もそれに合わせて次第に大合唱となる。この第一声がなかなか難しく、声をあげるタイミングが誰かとかぶってしまい、さらに相手のほうが声量があると「もって…」までしか言えずに引き下がるシャイな人も。最近は有名になってきたので、このコールが掛かるかを楽しみに長崎を訪れるアーティストも多い。

オキテ 36

爆竹、花火、夜火矢《やびや》…。お盆はお墓で大宴会！

下禰からひとこと

お盆は昼間からお墓の前でお酒飲んで、大宴会やもんね。賑やかだよね。

長崎が誇るシンガーソングライターの重鎮といえば、さだまさし。歌手としてはもちろん、最近は小説家としても不動の地位を築いている。そんな彼の代表曲である『精霊流し』。哀しさをはらんだギターの調べが心をきゅっと締め付ける名曲だ。

しかし、**実際の長崎の精霊流しは、とにかくド派手。**漁船ほどの大きさの精霊船を提灯やオブジェ、金銀モールで飾り上げ、そこに故人が好きだったものをモチーフにした装飾を施し、街中を練り歩く。派手なエレキギターが十数本飾られた精霊船などを見ると「ああ、随分とファンキーでロックな人生やったんやねぇ」と知らない故人に親近感までわいてくる。精霊船は家族親戚友人たちの手に引かれ流し場まで運ばれるが、**その道中は爆竹や花火のオンパレード。**知らずに通りかかり火傷を負う観光客もいるため、警察が沿道に立ち交通規制を敷いている。しかし、これはあくまで故人の霊を見送る送り火なので、お祭り気分ではしゃぐのはNGだ。長崎は華僑文化の影響からか、送り火だけでなくお盆のお墓参りも派手。まるでお花見か運動会のように重箱入のお弁当を持って親族総出でお墓に行き、掃除を終えると宴会が始まる。迎え火は夜火矢、つまりロケット花火だ。世間一般では、ご先祖様はキュウリの馬に乗って帰ってくるというが、長崎のご先祖様は超特急帰省である。

オキテ 37

長崎市内はくんちで学校が半休！

博多おくんち、唐津くんちと並んで日本三大くんちであり、日本最大のくんちでもある長崎くんちは、長崎県民にとって特別なお祭り。10月7日から9日の3日間かけて開催される、**一年で最も大切な神事といってても過言ではない。**進学や就職で県外に出ていてもこの日だけは帰ってくる人も多数。そして長崎市内の小学校はこの期間中は午前中だけの授業となる。ついでに祭りに参加する子どもは、おとがめなしの堂々の休校。大人も子どもも、この期間だけは県内のみにおいて特別扱いとなる。昔は市内の学校は休校になっていたそうだが、現在は若干他地域を意識して（？）か、半休となった。とはいえちびっこたちだって午前中だけとはいえ、授業に集中なんてできない。

オキテ 38

さだまさし所有の島（詩島）は観光地になっている。

「精霊流し」「長崎小夜曲」など地元のテーマにした曲を数々手掛けている、まっさんこと、シンガーソングライター・さだまさし。「関白宣言」や「雨やどり」の大ヒットで人気を不動のものとし、その印税で1979（昭和54）年に**大村湾に浮かぶ「寺島」を購入**した。平成になってから「言」の文字を足して、詩島と改名された。この島には太宰府天満宮から勧請された詩島天満宮やバンガローがある。バンガローは宿泊も可能だが、私有地なので事前申請が必要。主にさだファンの巡礼地となっているが、美しい大村湾に囲まれた絶好のロケーションは一見の価値がある。

オキテ 39

福山雅治の実家の場所をみんな知ってるし、「福山トリビア」を県民ひとり一つはもっている。

下柳から
ひとこと

タクシーの運転手さんも、前を通るときには丁寧に「ここ、実家だよ」って教えてくれるレベル（笑）。

オキテ 39 福山雅治の実家の場所をみんな知ってるし、「福山トリビア」を県民ひとり一つはもっている。

長崎出身のスターの代表格と言えば、福山雅治。デビュー25周年を記念した、2015年の稲佐山凱旋ライブでは、「やっぱり、じげもん!よかもん!大祭」というイベントがコンサートに合わせて市内で行われ、長崎市内全土が熱気に包まれた。郷土を愛する福山を長崎の人々も身近に感じているようで、彼の実家の場所はほとんどの県民が知っているのもその一例と言える。

また、「姉ちゃんが中学の後輩やんね」「彼が長崎に帰ると必ず寄る店を知ってる」「近所に福山が通学の時に使っていたバス停がある」といった**福山ネタを一人ひとつ必ず持っている。**

福山ゆかりの新名所としては前述のイベントの際に彼が名付けた長崎市内にある「きゃあまぐる坂」が有名。この坂を全力で上りタイムを競う大会が行われたために、それまで何の変哲もない坂だったが、今やファンや観光客が訪れる場所となった。坂のまち・長崎の中でもそのこう配は急で、上るとその名の通りかなりきゃあまぐる（疲れる）。

福山雅治が帰省するときに立ち寄ることで有名な「思案橋ラーメン」

オキテ 40

フリーウェイハイハイの『雨オトコ晴オンナ』を何となく歌える。

2004年にデビューした長崎出身の「フリーウェイハイハイ」。前身である「海人（うみんちゅ）」を99年に結成し、長崎で路上ライブを中心に活動を重ね、中高生を中心に絶大な支持を受けていた音楽デュオで、長崎の20代後半から30代には「フリハイ」で通じる。当時すでに音楽シーンを席巻していた「ゆず」が路上ライブからスターダムに登りつめた、いわば〝フォークデュオのゴールデンコース〟に彼らも確実に乗っていたといえるだろう。

そんな乗りに乗った彼らが満を持して上京しメジャーデビュー。第一弾としてリリースした**『雨オトコ晴オンナ〜オランダ坂で君を待って』**は、タイトルからも分かるように長崎の名所が歌詞の中に織り込まれており、メジャーに行っても変わらない郷土愛が彼らを応援し続ける長崎のファンの心に響いた。同曲は、地元テレビでも積極的に起用されたこともあって、ファンでない人たちにも広く知られており、現在もイベントなどで披露されると自然と誰もが口ずさんでいる名曲だ。

オランダ坂

オキテ41

「メガネのコクラヤ〜♪」をはじめ、チトセピア、ジョイフルサン、エレナ…口ずさめるCM曲多数。

長崎のローカルCMのイメージソングは耳に残るものが多い。昭和の雰囲気が漂う**「メガネのコクラヤ」**、**「長崎物語」**などはその代表格と言ってもいいだろう。テレビやラジオで流れる曲以外にも、**チトセピアやジョイフルサン、エレナなど**ショップで流れる歌も長崎っ子におなじみのテーマソング。店に入ると、つい口ずさんでしまう。ちなみに地元を離れても、ふとした時に頭に流れることがある人も多いといい、ある意味「故郷の歌」のひとつと言える。

メガネのコクラヤ

オキテ 42

長崎新聞には明日のテレビ欄が毎日載っている。

長崎の人々に広く読まれている長崎新聞は今日だけではなく明日のテレビ欄まで載っている珍しい新聞だ。**長崎は日本一離島が多く、五島や壱岐、対馬など離島の読者には当日の朝配達することが難しかったため昔からこのスタイル。**休刊日になると明後日までの3日分のテレビ欄が載ることになる。現在、長崎県地域に配られているほとんどの新聞に翌日のテレビ欄がついているのは、この長崎新聞が始まりである。県外で新聞を読むと、なんで当日のテレビ欄しか載ってないのかと不思議に思う。

オキテ43

長崎は歌謡曲の中ではいつも雨が降っている。

「長崎は今日も雨だった」が大ヒットした影響で長崎は雨が多いと思われている。

実際他にも「長崎物語」や「雨のオランダ坂」など、雨が降る曲をあげたらきりがない。しかし実は長崎はそんなに雨が多い地域というわけではない。実際に「長崎は今日も雨だった」が発売された1969年は水不足が社会問題化したほどだ。なのになぜ長崎はひたすら雨のイメージがあるのかというと、諸説唱えられている。

1 古くから交易で栄えていた長崎は出会いと別れの場所であった。(＝涙&雨が似合う)

2 「蝶々夫人」の悲しいストーリーのイメージから。(これまた涙＝雨)。

3 日本で最も西に位置しているため、西から雨雲が広がることが多い日本では長崎の雨にみんな敏感になっているため。

オキテ 44

元プロレスラー長与千種は長与ではなく大村出身。

ライオネス飛鳥とタッグを組みクラッシュギャルズとして一世を風靡、**女子プロレスブームを牽引した長与千種。**彼女の出身地は長崎県大村市。長崎県出身だということだけ覚えている人の中には**名字の長与から長与町の出身と勘違いしてしまう人も多そう。**ちなみに「涙のカリスマ」と呼ばれた大仁田厚は長崎市、天龍とのタッグ「龍原砲」で知られる阿修羅・原は諫早出身。ほかにも多数の格闘家を輩出していることから、長崎は強者が多い地域なのかもしれない。

オキテ 45
西海讃歌が流れるとそろそろ寝る時間。

「空いっぱいに、空があるように〜」でお馴染みの、長崎県民なら知らない人がいない「西海讃歌」。作曲したのは童謡「ぞうさん」の作曲で知られる團伊玖磨だ。**長崎テレビの日曜日夜の天気予報のBGMとして長年使用されていた曲だ。**

これを聞くと子どもは寝る時間、大人は1週間の始まりを思ってサザエさん現象ならぬ西海讃歌現象に。長崎で幼少期を過ごした人はこれを聞くと眠くなるのだとか。「西海賛歌」は長崎県民の子守歌なのだ。

オキテ 46

「ヒロさん」といえば水嶋でもエグザイルでもなく「聞いてモーニング」。

オキテ 46 「ヒロさん」といえば水嶋でもエグザイルでもなく「聞いてモーニング」。

長崎県民、特に40代以上に**「ヒロさんの…?」と投げかければ、ほぼ100%の確立で「聞い〜てモーニング♪」と歌いながら返ってくる。**

このヒロさんとは、執事になったイケメンでも大所帯ダンスユニットの社長でもなく、**NBC長崎放送でラジオパーソナリティとして活躍するフリーアナウンサー田中宏之氏だ。**30年続いた朝の生放送番組「ヒロさんの聞いてモーニング」ではその穏やかで紳士的なゲスト回しと温かみのあるダンディボイス、ウィットに富んだトークで長崎の老若男女に親しまれ続けた、長崎におけるパーソナリティ・アナウンサー界の重鎮である。その人気たるや、町に出れば握手を求める人垣を生み、「ヒロさんと行く○○ツアー」などの旅行商品は完売御礼。すでに長崎では〝ヒロさん〟という名前そのものが老舗ブランドとして不動の支持を得ている。

現在は日曜夕方放送の「ヒロさんの人生やっぱり演歌だぜ♪」という本人の趣味を活かした冠番組を手掛けており、その悠々自適なライフスタイルが中高年の憧れそのものである。

オキテ47

かつて文明堂のカステラのCMに「ひみつのアッコちゃん」が起用されたことがある。

オキテ 47 かつて文明堂のカステラのCMに「ひみつのアッコちゃん」が起用されたことがある。

文明堂といえばぬいぐるみが踊るCMでしょ?と他県民は思っているが、長崎県民にはあまりピンとこない。それもそのはず、**このテレビCMは関東地方の文明堂各社が制作放送していたもので、長崎の文明堂総本店では別のCMを放送していたからである。**

実は文明堂総本店のCMには意外なキャラクターが登場している。それは女の子たちに絶大な人気を誇った**「ひみつのアッコちゃん」**。コンパクトを開いてテクマクマヤコン〜と呪文を唱え、シンデレラに変身するアッコちゃんが、なぜか途中で大好物の文明堂のカステラをおすすめしてくれる。本来の設定ではアッコちゃんの好物は鯛焼きだったようだが、原作の赤塚不二夫先生もきっと「これでいいのだ」とゆるーく認めてくれたのかもしれない。

ぬいぐるみが踊っているほう

オキテ 48

十八銀行の行員で結成されたアカペラグループ「バンカーズ」が根強い人気。

オキテ 48 十八銀行の行員で結成されたアカペラグループ「バンカーズ」が根強い人気。

文明堂のCMで美しいハーモニーを披露している男性アカペラグループ「バンカーズ」。彼らはその名の通り**銀行の行員たちで結成されたグループ**で、かつて2000年代に日本中でアカペラブームを巻き起こした大人気バラエティ番組の企画に登場し、大きな話題を呼んだ。

大学生や高校生など若さ輝くチームの中で、**折り目正しいスーツ姿のおじさんたちが奮闘する姿は多くの中高年に希望を届けてくれた。**かつてロック少年だったおじさんたちが「俺たちの牙は折れちゃいないぜ」とばかりに再びギターを握った「おやじバンド」も同時期にブームの兆しを見せており、サラリーマンの星・バンカーズの地元人気は不動とものとなった。

それから10年以上を経て、アカペラグループである前に地元に根ざした銀行員である彼らは、支店移動や昇進など人生のステップアップを重ねながら、現在もバンカーズとして時々集結し、長崎のイベントなどでその美しいハーモニーを披露してくれている。

オキテ 49

小中高生の打ち上げは、だいたいバンケット。

町内の子ども会や野球チームの壮行会など、**食べ盛りの子どもたちがメインの食事会はお店選びが大変だ。**そんな時に救世主となっているお店が、時津の「バンケット」である。**焼肉、すき焼き、しゃぶしゃぶ、さらにカレーや寿司、唐揚げ、デザートなどもすべて食べ放題**という男子にとってはまさにパラダイス。しかも料理にレトルトなどは使用せず全て手作りにこだわるなど、お母さんたちも安心の良店なのだ。「こんどの大会、優勝したらバンケットで打ち上げよ!」の一言がスポーツ少年たちにどれほどの活力を与えてくれるか、その可能性は図り知れない。

オキテ50 なんと県内に、「琴海中学校」と言う名前の学校が2校ある。

長崎市立琴海中学校と諫早市立琴海中学校。どちらも市が違うだけで同じ名前で紛らわしい。**長崎市立琴海中学校は琴海村にあった2つの村立中学校が統合**して誕生し、**諫早市立琴海中学校は穏やかな波が打ち寄せる大村湾が別名「琴の海」とよばれていたことが由来**となって命名された。どちらも略すと「琴海中」や「琴中」で違いはない。長崎県内で「どこ中?」と聞いて「琴中」と返ってきたら、何市なのかも聞くべし。

オキテ 51

がんばらんば体操&宿題はあじさいノート。

長崎が誇る大御所歌手・さだまさしが作詞・作曲し自ら歌う「がんばらんば体操」とは、2008年に長崎県が**県民の健康増進を目的に**作成したものだ。長崎弁で構成され、途中に長崎っ子には馴染みのある「でんでらりゅ〜が〜♪」などの歌も盛り込まれたりと当時話題となった。もちろん、現在でも県内の様々なスポーツイベントや幼稚園などで実施されており、県内の人たちが参加出来る「がんばらんば体操コンテスト」では毎年多くの人たちが出来栄えを披露している。ラジオ体操に代わってこの「がんばらんば体操」が夏休みの子どもたちの日課になる日も遠くないかも?

そして夏休みの課題と言えば「夏休みの友」。早い段階で終わらせてしまったか、最後に怒られ泣きながらやったか、大人になって盛り上がるネタのひとつだが、これを長崎出身者に話すと、「それって**あじさいノート**のこと?」と聞かれる。あじさいノートとは、各教科の問題に加え、長崎原爆についての話も載っている**長崎オリジナルの「夏休みの友」。**県出身者であれば、このノートの存在を知らぬ者はいない。

オキテ52

長与町の人なら誰でも踊ることができる「みかん音頭」。

みかんの産地長与町がまだ長与村だった1959年に公募で作られた「みかん音頭」は、**現在も小学校の運動会や夏祭りなどの町内行事では必ずといっていいほど踊られる。**「みかん音頭」を愛してやまない長与町の人は誰でもこの踊りを踊ることができるため、ほかの町から引っ越してきた人は戸惑うかも。振付の解説がついたCDも販売されているため、家でも練習したいという方はぜひ。引っ越しや転勤等で長与町に移る人は、まず「みかん音頭」を把握してから行くべし。

オキテ 53 長崎五校、佐世保三校をすべて言える。

佐世保北高等学校

現在は廃止となっているが、以前は長崎市内では**「長崎東」「長崎西」「長崎南」「長崎北」「長崎北陽台」の長崎五校**の中で、そして佐世保市内では**「佐世保西」「佐世保南」「佐世保北」の佐世保三校**の中でそれぞれの進学校の学力に大差が生じないように均等に振分けられる総合入試制度が実施されていた。その呼び名の名残が「長崎五校、佐世保三校」だ。その年代により各学校のレベルは常に入れ替わっており、親兄弟がたまたま同じ高校だった場合はなぜか必ず自分たちの頃は五校の中で、また三校の中で一番優秀な高校だったと自慢される。

オキテ 54

遠足でだいたい稲佐山に登る。遠足のおやつは、もちろん殿さまが作るカレーのお菓子「味カレー」!

稲佐山からの景色は今でもすごく好きですね。
下柳からひとこと

オキテ 00 遠足でだいたい稲佐山に登る。遠足のおやつは、もちろん殿さまが作るカレーのお菓子「味カレー」!

世界三大夜景の一つに選ばれた長崎市の夜景。その絶景を見るなら都心部と湾を挟んだ向かいに立つ稲佐山が最もおすすめのスポットだ。夜景を楽しむための展望台とともに、イルミネーションの通路なども設けられ、夜は長崎の恋人たちの聖地となる。

一方、昼間は小中学校や幼稚園など子どもたちが遠足で訪れることで知られている。長崎市内の学校の多くがこの稲佐山を遠足の目的地にしているのだ。ちなみに遠足といえば、おやつ。おやつの定番にも地域性がある。**殿様が作るカレー味のスナック「味カレー」**は佐世保の子どもたちにとって、まさにおやつの殿堂。製造は佐世保市にある大和製菓で、小学校で工場見学に行ったという人たちも多いのでは？スパイシーな味わいはお酒のつまみにもなると、大人たちにも人気だ。

稲佐山からの景色

稲佐山からの夜景

オキテ 55

海で泳ぐときは水着ではなく、半袖短パン。泳げないけど潜れる人もいる。

主に離島の話。**島の子たちは海が身近すぎて、わざわざ水着に着替えることもなく学校帰りの半袖短パンで海に入ってしまう。**都会では水難事故防止のため「着衣水泳」なんていう授業がわざわざ設けられるところもあるが、島の子たちは自然に着衣水泳をしているので、訓練も必要なし！しかも、泳ぎを教えられる前に、海底の貝などを獲る遊びを覚えたちびっこたちは**泳げないのに潜れる**、という能力を身に付けている。

下柳からひとこと

水着に着替えるなんて面倒やん。そのままドボン、が長崎流！

オキテ 56

五島高校は城内にあるため、城壁で囲まれた城門を通って、毎日通学する。

五島高校があるのは、なんと福江藩の居城であった石田城の本丸跡。 城門がそのまま校門となっているという全国でも珍しい高校だ。石田城は幕末に建てられ、わずか9年で本丸が解体されたという数奇な運命を持っているが、そのため「日本最後の城」または「日本で最も新しい城」とも言われている。二の丸跡には五島氏庭園が、北の丸跡には歴史資料館や図書館があり、城内では仲良く観光客と高校生が会話する光景も見られる。

下柳からひとこと

お殿様と同じところを通って通学なんてかっこいいよね。

オキテ 57

図書室にはだしのゲンが必ずあり、平和教育の時間がある。

多くの学校で漫画の持ちこみが禁止されていた時代から、唯一校内で読むことが許されていた漫画といえば、**「はだしのゲン」**だ。広島とともに、**世界で唯一の被爆地である長崎では戦後から今日まで、平和教育に割く時間は他県より多く、小さな子どもたちでも関心が高い。**図書室には必ず「はだしのゲン」があり、校内映画鑑賞会でアニメを観る機会も多かった。今なおしっかりと平和教育が受け継がれており、長崎県出身者はどこにいても8月9日11時2分には、黙祷をするという人が多い。

> 下柳からひとこと
> これは普通のことと思ってたけど、他県では違うの?

オキテ58

村上龍が書いた「69」のモデルになっていることが、佐世保北高生の密かな自慢。

宮藤官九郎脚本、妻夫木聡主演で映画化もされた「69 sixty nine」。原作は佐世保出身の作家・村上龍だ。1969年、世の中がベトナム戦争と学生運動で揺れている頃の佐世保を舞台に、高校のバリケード封鎖など学校を巻き込んだ様々な実体験を基にした自伝的な小説。**その学校というのが佐世保北高等学校**であり、学校内の作りなど細かい描写がされており、本の発売後、在学生たちは小説を読み随分と興奮させられたと聞く。

最近では、北高を舞台とした佐世保出身の漫画家・小玉ユキによるコミック「坂道のアポロン」により、再び在校生や卒業生たちが胸を躍らせている。なにかと舞台になりやすい学校だ。

オキテ59

壱岐にもモンサンミッシェルが!? 満潮時は島に変わる神社など、不思議なパワースポット多し。

実は日本の神道が発祥したのは壱岐だと言われている。その場所は島のちょうど真ん中ほどに位置する**月讀神社**だ。一説によると壱岐には大小合わせて1000もの神社があるのだそう。様々な神々が島のあちこちに鎮座しているので、これらのパワースポットを巡る観光ルートも面白い。数ある壱岐の神社のなかでもユニークなのが**小島神社**。普段は海にぽっかりと浮かぶ島だが、**干潮時には海岸から陸続きになる。**その姿から「日本のモンサンミッシェル」と呼ばれているのだとか。ちなみに、島そのものが神聖な神の場所であるため、石や落ちた木々の枝ですら持ち帰ることができないので注意しよう。

オキテ 60

街でシスターを普通に見かけるし、修学旅行生にもよく会う。

シスターの姿を目にしてピクリとも驚かないのは、日本広しといえども長崎市だけかもしれない。日常に溶け込み過ぎていて、市電に乗っていても、駅構内にいても、特に気になって見ることもない。県外者が一緒のときに「見て！シスターー！」と相手が興奮しているのを見て初めて、他県の人には珍しい光景なのだと知る。そして**修学旅行生も365日いつでもいるので、すっかり見慣れてしまった。**5〜6人で地図を片手にカステラ屋を探している学生たちを、思案橋周辺で一日に一回は必ず見る。

オキテ 61

実は軍艦島に行ったことがないという県民は多い。

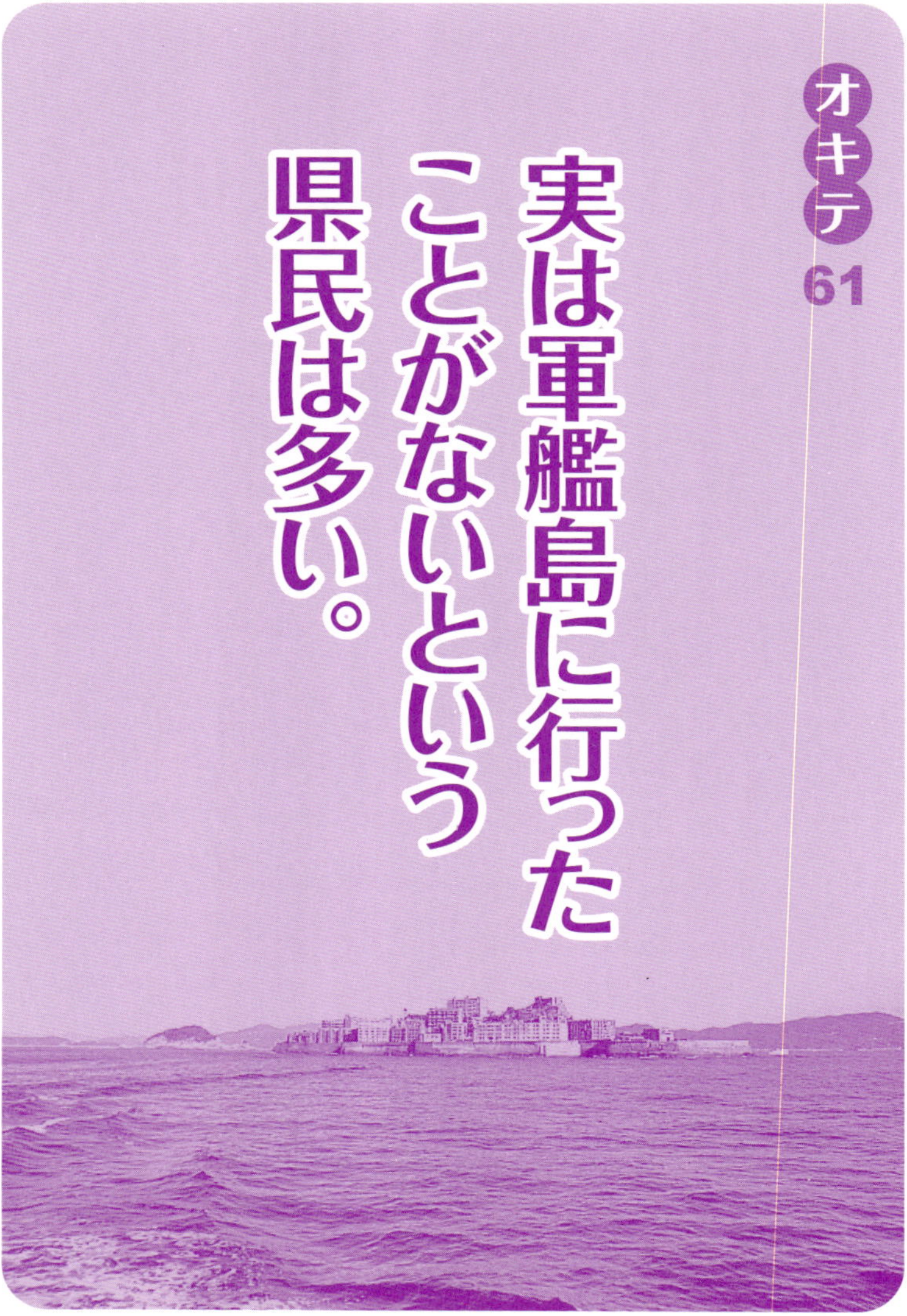

2015年に見事、**軍艦島を構成資産に含む「明治日本の産業革命遺産」が世界文化遺産に選ばれた**わけだが、実はこの島、老朽化により安全が確認されないと長い間立入規制がされていた。**一般観光客が上陸できるようになったのは2009年のこと。**とはいえ勝手に行くことは許されず、規定のツアーでのみ上陸&見学することができる。このツアーがそこそこ高額なので、県民としては「ご近所なのに日帰りツアーに3~4000円出す」という踏ん切りがつかず、二の足を踏んでいた。そうこうしているうちに世界遺産に選ばれてしまい、今度は全国から人が押し寄せて、行こうにもなかなか予約が取れなくなってしまった。というわけで、目と鼻の先にも関わらず、軍艦島に未だ行ったことがないという県民は多い。いつか「県民解放デー」とかがあったらいいな、と思っている。

下柳から
ひとこと
確かに、行ったこと
はないいね（笑）。

オキテ 62
街中にハート型の石がある。

異国情緒漂う長崎市内は、シーボルトとおたきさん、荒木宗太郎とアニオーさんなど国境を越えたラブストーリーが語り継がれている。そんな **〝ラブ〟が似合う街** だからか、市民が恋バナ好きなのかは分からないが、長崎市内各所にはハート型の石が隠されている場所があり、恋人たちの聖地になっている。代表的なものはグラバー園内の敷石、眼鏡橋そばの石垣、中通商店街、ココウォーク茂里バス停そばなど。愛し合う2人で触れると幸せになれるという。ちなみにハートストーンは市内にまだまだ増殖中だとか。まちを歩く時には全方向に視線を注いで幸せのハートを探してみよう。

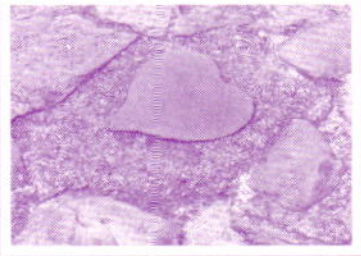

グラバー園内の敷石

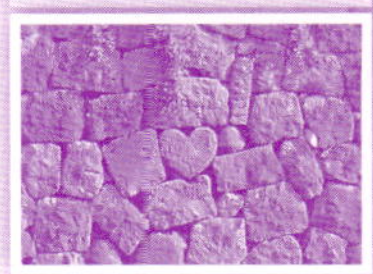

眼鏡橋そばの石垣

オキテ 63

公共交通機関には、片道だけの定期券がある。

長崎ならではと言えるのが「片道定期券」の存在。**坂が多い町だけに、上りにあたる通学路・通勤路の片道だけは公共交通機関を利用し、下りは歩くという人が結構いる。**そのため、「片道定期券」が重宝されているのだ。この定期券は矢印の方向のみ有効、と他県の人にはなかなかわかりづらい方式。坂を上る車両にばかり人が多いのは、こういった理由があるからなのだ。

JR長崎駅前

オキテ 64

エレベーターの公道がある。

坂の街、長崎では山の斜面を利用して住宅地が広がっている。同じく坂の街として知られる尾道や函館が、市街地全体に占める斜面市街地の割合20％なのに対し、長崎市は43％と、群を抜いた割合だ。しかも、この坂道がけっこうきつい。どれくらいかというと、思わず道沿いにエレベーターを設置したくなったほど。そうして取り付けられた道沿いのエレベーターが、**日本初の公道「長崎市道相生町上田町2号線」だ。**グラバー園の第2ゲート側にあり、2002年に17人乗りの斜行エレベーターが設置され、その翌年11人乗りの垂直エレベーターが取り付けられ、2つ合わせて「グラバースカイロード」の呼び名で親しまれている。斜行エレベーターは、ふもとの相生町から山腹の上田町までに1～5階の乗り場があり、垂直エレベーターはさらに上の頂上までの道。もちろん無料で利用でき、6時から23時半まで運行中だ。これにより、坂の上で暮らす高齢者の暮らしも快適となった。

グラバースカイロード（長崎市）
左画像：垂直エレベーター、右画像：斜行エレベーター
写真提供：長崎県観光連盟

オキテ
65

諏訪神社の前の青信号は短い。そして赤信号はめっちゃ長い。

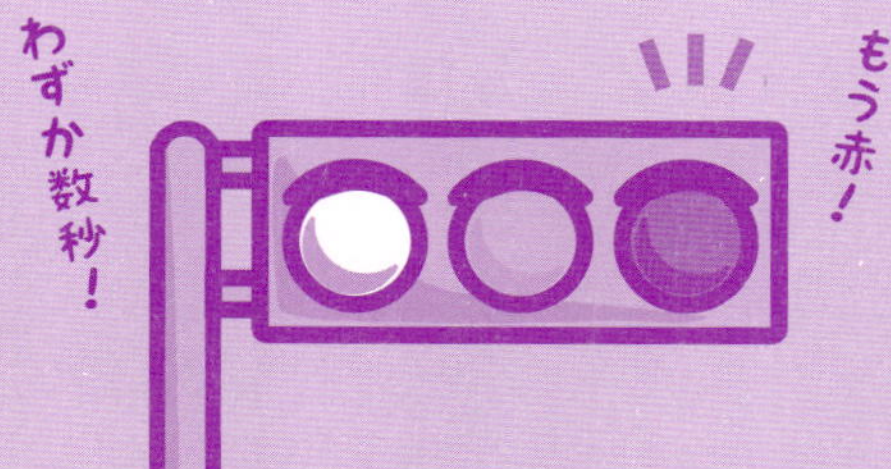

日本三大祭と称され、毎年10月7日から3日間行われる「長崎くんち」の開催地といえば、長崎の氏神である諏訪神社だ。くんちの際は、龍踊り（じゃおどり）や阿蘭陀万才、御朱印船といったポルトガルやオランダ、中国など異国文化を感じる奉納踊を披露し、多くの人で賑わいを見せる。また、地元の人からは「お諏訪さん」と呼ばれ親しまれてきた神社でもある。

その諏訪神社の下、ロータリーへと繋がる道の信号機の切り替えが目を疑うような早さなのだ。信号が青に変わり、車を走らせハンドルを切るとすぐに変わる。わずか数秒たらずで、黄色へと変わりあっという間に赤になるという驚きの短さなのだ。**その間、2〜3台の車しか進むことは許されない。**さらに、赤信号では待つこと数分。いつになっても変わる気配がなく、周囲の信号が2回変わっているにも関わらず、ひたすら待たされるというマイペースな信号機である。イライラせずに、心穏やかに待ってほしい。

諏訪神社（社殿）　長崎市　写真提供：長崎県観光連盟

オキテ 66

長崎には狭い坂道用に作られたミニ消防車がある。

ミニ消防車に加えて、ミニバスもあるよね。
下柳からひとこと

坂の町と呼ばれる長崎市は、繁華街のある平地を囲むようなすり鉢状の地形となっており、山の斜面にへばりつくように住宅が造られている。観光客にとっては美しい景色に見えるが、実際に住んでいる人々にとっては日々の生活にかなりの苦労を強いる形状となっており、なかでも大きな問題となるのが、火事が起きた際の消防活動だ。**大型の消防車は細い道をのぼることが出来ず、消火活動に支障をきたしてしまうことも多い。**そんな坂の街で大活躍しているのが、ミニ消防車。手掛けているのは大村市に本社を構える（株）ナカムラ消防化学。消防車や消火剤の製造メーカーとして全国に製品を送り出している企業で、軽自動車を活用した「ナカムラ式ECO CAFSミニ」というコンパクトな消防車を世界に先駆けて開発した。CAFSシステムという消火用水を圧縮空気で泡状にする仕組みにより、200リットルという少量のタンクでも4000リットルの水に相当する消火能力を実現した。長崎の地形をよく知る地場企業だからこそ誕生した新技術。現在は長崎以外の坂の町でも、暮らしを守る小さな守護神として活躍している。

狭い坂道が多い長崎市

オキテ67

工事現場の荷運びに、最近まで馬が活躍していた。

下柳からひとこと

小さいころには確かに馬が運搬しているのを見てました。

坂の街の苦労は前述の通りだが、軽自動車でも車が通れる道がある家は、まだいい。人ひとりが通れるくらいの幅の階段を延々と登ったり降りたりしてようやく辿り着く家も多いのだ。普段の生活ならばまだいいが、困るのは工事現場にセメントの材料や鉄など重い資材を運ぶ時だ。人の手で運搬するだけで日が暮れてしまう。

そこで活躍していたのが、馬。対馬に生息する日本在来種の対州馬が、資材を背に乗せて階段を上がっていってくれるのだ。もちろん馬にしてみれば大変な作業なのだが、馬屋のおじさんに誘導されながらかっぽかっぽと蹄の音をさせてゆっくりと登って行く姿は、何だかとてもハートフルな光景に見えた。

最近ではキャタピラのついた運搬車が開発され、数年前に馬の運び屋さんはいなくなってしまった。人々の暮らしを支え頑張ってくれていた馬たちには感謝の気持ちでいっぱいになるが、あの優しい瞳とのんびりとした運搬風景を懐かしく思う長崎市民は多いだろう。

オキテ68

長崎市内は路面電車があるので市営バスに乗ったことがない大人も多い。

オキテ 65 長崎市内は路面電車があるので市営バスに乗ったことがない大人も多い。

長崎市内の名物といえば、路面電車もそのひとつ。長崎電気軌道株式会社の運営する路面電車は1914年に設立された。以来、100年以上長崎市内の交通の要として多くの人に利用されており、市民にとってなくてはならない存在だ。通称、〝電鉄〟〝長崎電鉄〟と呼ばれて親しまれてきた。

路線は出島や眼鏡橋、グラバー園など、観光スポットにも行きやすいルートを走っているため、**長崎市内を訪れた際、だいたいこれを利用すれば移動可能。**もちろん、観光客だけでなく、地元の人の通勤・通学といった移動手段としても日常的に使用されている。そして、何よりうれしいのが大人120円（小児60円）でどこまで乗っても一律運賃という価格。そのため、「そういえば、市営バスを利用したことがなかった…」なんていう人も意外と多いのだ。

下柳からひとこと

逆に市内中心地の人以外は、バスが便利すぎて電車に乗ったことがない人もいます。

オキテ69

長崎市内は自転車を利用する機会があまりないが、諫早市・大村市は逆に自転車がとても多い。

長崎市はご存じのとおり、**坂が多いため自転車に乗る機会が極端に少ない。**人によってはそもそも自転車に乗れないという人もいる。その代わり、前述の片道定期券等公共交通機関が発達しており、バスや路面電車等の本数も多いので、ほぼ自転車を使わずとも生活ができる。逆に、諫早や大村は県内でも有数の「平坦エリア」なので自転車が大活躍。公共交通機関があまり充実していないこともあり、ある程度の距離までは自転車で行ってしまう人が多い。ということで、長崎県出身者で、自転車に乗り慣れている人がいたら、ほぼ諫早か大村の出身に違いない。

オキテ70

長崎市内の信号機が複雑なため、戸惑っているレンタカーをよく見かける。

長崎市内を運転する観光客は気を付けたほうがいい。市民であっても戸惑うくらい、長崎市の道路事情は複雑だ。その理由は路面電車。**車と同じ道路を走っているため、慣れないと信号の見方が全くわからないのだ。**直、曲、右…という指示に加えて、緑の矢印に黄色の矢印、極め付けは上矢印に×マーク。教習所で全く習わなかった交通ルールがこの町にだけ存在する。最難関はおそらく長崎駅前の交差点と思われるので、長崎の交通事情に慣れてきたら、あの交差点を右折する、というチャレンジをしてみてほしい。

下柳からひとこと

観光客の人は市内では運転しないことをおすすめします。電車レーンに入っちゃったら大変なことになります。

オキテ71

長崎女子の定番ウエア といえば〝あっぱっぱー〟

長崎女子の定番ウエアといえば“あっぱっぱー”

デニムやガウチョパンツ、シフォン系の洋服など、どの時代にも流行があり、世の女の子たちを魅了するファッションが生まれてきた。その中で、長崎オリジナルで世代を超えて受け継がれてきたウエアがある。それが「あっぱっぱー」だ。この衣服は、長崎独自の衣類ともいわれ、夏の間に女性が着用。**ウエストのない大きめのゆったりとしたデザインが特徴**で、ハワイのフラの衣装である「ムームー」にもよく似ている。何ともあっけらかんとしたこの呼び名の語源は「Up a parts」だという説や、歩くと裾がパパッと広がることからそう呼ばれるようになったという説も。はじまりは、和装が定番だった大正後期から昭和初期にかけて、夏場の外出用の衣類として流行したことから。以来、長崎のミセスたちの定番服として、ワードローブに並べる一着である。中通商店街や新大工町商店街あたりに行くと、好みの一着が見つかるかも!?

オキテ 72

真夜中の初売りに挑むべし。

オキテ 72 真夜中の初売りに挑むべし。

厳かに除夜の鐘を聞き新年を迎えると、元旦は初詣に出かけ、親戚まわりなどして三が日を穏やかに過ごす。これが一般的な日本のお正月の風景だ。ところが、佐世保市民はようやくおせち料理づくりから解放された元旦早々、何だかソワソワと落ち着かない。翌日に備えて早寝する人もいる。そう、**佐世保では昔から2日のまだ暗い早朝4時頃から初売りが始まる**のだ（最近では元旦から始まる店も）。7時過ぎなどにのこのこと出て行っても、すっかり目玉の品はなくなっており、戦いを終え清々しい顔で袋を下げた人たちが家路に向う光景に出くわすだけなのだ。昨今では安く買えるネット販売や実店舗の特大セールも増え、昔のように普段買えずにいた贅沢品や欲しかった品を初売りでという人も随分と減ったことだろう。しかし、未だに初売りにはものすごい数の人が集まる。佐世保の人たちにとって欠かせない「暗闇スタートの初売り」は、ずっと続いて欲しい新年の行事のひとつだ。

造船の町 佐世保

オキテ 73

鬼に武者が喰われている凧が、地域によってさまざまな形で存在している。

五島の「バラモン」

オキテ 73 鬼に武者が喰われている凧が、地域によってさまざまな形で存在している。

「三鬼凧」と呼ばれているのが、平戸の「鬼洋蝶」、壱岐の「鬼凧」、そして五島の「バラモン」。どれも鬼が兜を被った武者を食っている、という構図で非常に似ている。一般的には鬼凧と鬼洋蝶は武者が正面を向いているのに対し、バラモンは後ろ向き。五島の人はこれを、「五島の武者は逃げずに鬼に立ち向かっていったので、正面から食われているのだ！五島の武者は敵に後姿を見せぬのだ！」と理由づけている。真偽は不明。ただし、よく見るとバラモンには十字架が絵柄として描かれていることが多く、これは隠れキリシタンが多かった土地ならではだろう。五島のバラモンだけ少し様相が異なっているが、三者三様それぞれ、初節句に贈られたり、子どもの日に凧上げされるなど各地で大切に扱われている。

平戸の「鬼洋蝶」

壱岐の「鬼凧」
壱岐風民の郷 壱岐鬼凧（勝本町） 壱岐市
写真提供：長崎県観光連盟

オキテ 74

「ダイヤランド」「女神」というなんだかバブリーな地名が実際にある。

オキテ 74 「ダイヤランド」「女神」という なんだかバブリーな地名が実際にある。

出島町や新地町、館内町、銅座町など、市内にはいくつもの歴史的な背景を持った地名が存在する。1571(元亀2)年の町建てで築かれたのが6つの町。それ以降、時代の流れとともに数多くの町や地名が生まれ、土地をわかりやすく分けてきた。

その中で、住所表記を見て驚くような地名がいくつかある。その内のひとつが、**「長崎市ダイヤランド」**。この地にある郵便局は「長崎ダイヤランド郵便局」だし、バス停の名前だって「ダイヤランド入口」だ。ここは、1980年代後半に三菱系のデベロッパーが開発した新興住宅街で、山を切り開いて作った町。名前だけ聞くと、楽しそうなテーマパークでもありそうだがあくまでも住宅地だ。

他にも**思わず二度見してしまう地名といえば「女神」。**長崎港の入り口にあるのが女神鼻で、その先に男神(神崎鼻)という地があり、そこを繋ぐ橋は「女神大橋」と呼ばれている。長崎では、景気の良さそうな地名をときどき見かけることがあるのだ。

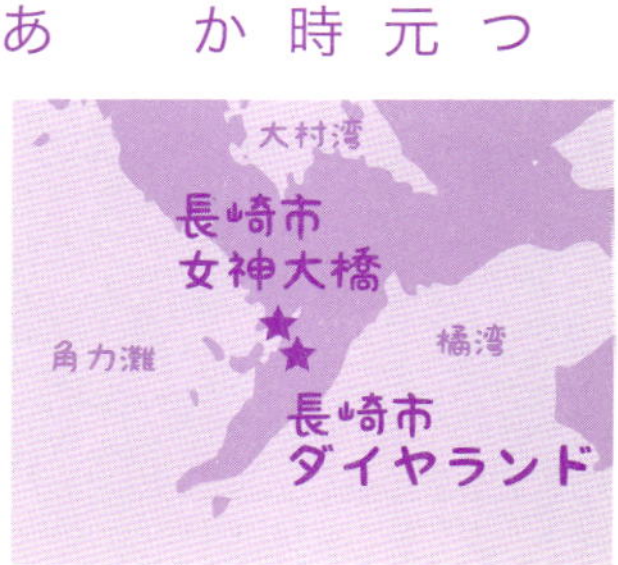

オキテ75

「女の都」「滑石」の読み方で長崎県民か否かわかる。

長崎初心者であれば、これらの漢字を見て思わず「え!? 男子禁制なの？」や、「滑り落ちそうな石の下にある土地!?」と大きく目を見開いてしまうかもしれないこの地名。〝オンナノミヤコ〟でも〝ガッセキ〟でもないこの漢字、**実は、「メノト」と「ナメシ」という呼び方だ。**県民なら誰しも読める地名だろう。ちなみに、「女の都」は長崎市北部に位置する住宅地。地名の由来は、平家の落人で特に女性たちが落ち延びた地であることから名付けられたといわれている。県外の人が訪れて、この場所を通る際には**「女の都入口」**というバス停を見てその名前のインパクトに驚くが、女性も男性も暮らす住宅地への入口ということだけなのでハーレムの妄想は控えめに。また、「滑石」も市内北部の団地が連なる地域である。漢字だけを見ると滑り落ちてきそうな石でもあるかのようにも思えるが、そういった危険はないのでご安心を。

オキテ 76

国見の街灯はサッカーボール＆諫早には色々な果物のバス停がある。

オキテ 76 国見の街灯はサッカーボール&諫早には色々な果物のバス停がある。

長崎各地の街中には楽しい仕掛けがいっぱいなされている。たとえば多くの日本代表やJリーガーを輩出している国見では、世界でも珍しく**サッカーボールの形をした街灯**が街を彩っている。これはちょっと気を付けて上を見ないと気付かないのだが、ものすごいインパクトで誰でも気付く仕掛けといえば、**諫早のフルーツバス停**。207号線を佐賀方面に走ると、巨大なフルーツが次々と現れる。いちご、メロン、みかん、スイカ…特に観光地でもない普通の道に、突如現れるので初めて見た人はものすごく驚くはず。

どうやら旧小長井町時代に開催された旅博覧会に合わせて設置されたもので、モチーフはシンデレラに出てくる「かぼちゃの馬車」なのだとか。確かにその姿は、おとぎの世界そのものだ。

オキテ 77

佐世保ではドルが使えるし、防空壕を利用した店がたくさんある。

米軍基地があるということで佐世保では多くのアメリカ人が普通に生活を送っている。もちろん、住居や学校、病院、スーパー、飲食店など生活に必要な施設は基地内に揃っているが、**佐世保市内の一部のバーガーショップやコンビニ、レストラン、バーなどでもドルを使うことが出来るらしい。**大きな船が入港すると、佐世保の夜のまちは、日本なのか外国なのか分からない不思議な光景がみられる。不思議な光景繋がりで言うと、佐世保にはかつて防空壕として作られた洞穴を利用した市場が今も残っている。たくさんの防空壕が集まった「戸尾市場」の中にはハンバーガーショップやレストランバーなどもあり、今では観光名所のひとつになっている。一昔前までは、一般家庭でも防空壕を車庫や物置などとして残している光景も見られたが、耐久による安全性の問題なのか、徐々に使用しなくなっているようだ。

オキテ78

結婚式のコンパニオンには、お酌だけではなく角煮をパンに挟んで手渡す仕事がある。

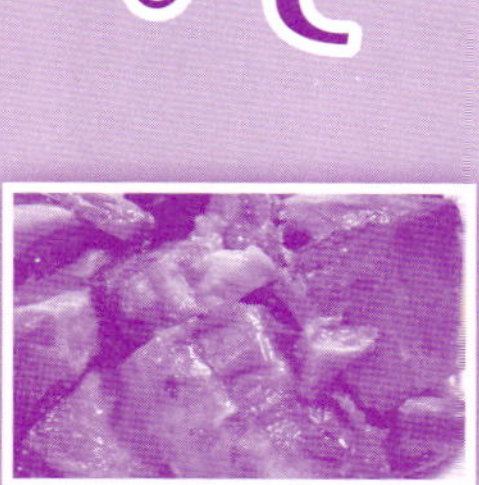

東坡煮（豚の角煮）

オキテ 78 結婚式のコンパニオンには、お酌だけではなく角煮をパンに挟んで手渡す仕事がある。

結婚式の披露宴では、通常であればフランス料理中心の「洋風」と会席料理が出てくる「和風」から選ぶことが多い。しかし長崎の場合、そのどちらでもない**「長崎風」の披露宴がある。**出てくる料理は大皿に盛られる卓袱料理。お鰭（お吸い物）から始まり、刺身などの冷菜、天ぷらやハトシ（海老のすり身揚げ）などの中鉢、季節野菜の炊き合わせなどの大鉢、梅椀（お汁粉）へと続いていく。「和華蘭文化」の象徴ともいわれる通り、**料理の中に和食・洋食・中華の要素が盛り込まれているのが卓袱料理の特徴だ。**各人に配膳される品もあるが、基本的に大皿で登場する。そして中鉢で登場する**『東坡煮（豚の角煮）』**は中華パンに包んで食べるのがルール。しかし、このパンに肉を挟む作業が、案外難しい。熱々のパンを開いて肉汁たっぷりの角煮を挟むので、指を火傷してしまいそうになる。そんな時に活躍してくれるのが、宴会コンパニオンの皆さん。片手にパンを持ち器用にトングで開き、肉汁をこぼさず添え物のほうれん草と一緒にきれいにサンド。流れるような立ち居振る舞いで手渡してくれる。お礼を言って受け取ろう。

オキテ79

蛍光灯は専用のゴミ捨て場に入れるべし。

長崎市民にとっては当たり前のことだが、観光客が市内を歩くと不思議そうに眺めていくものが、街中のゴミ集積場。地域の家々が決められた日に決められた種類のゴミを出す場所。このゴミの分類種別が**他の地域より細かい。**燃やせるゴミ、新聞、本雑誌、ダンボール、燃やせないゴミ、プラスチック製容器包装、そして資源ゴミ。さらに県外から来た人が驚くのは集積場に設けられた「蛍光管」と「筒型乾電池」の文字だ。長崎の人がゴミを選別する地球にやさしいエコな人種だってことを、観光客がお土産話にしてくれたらいいのになぁ。

蛍光管用

乾電池用

オキテ 80

ゴミは「スラセ」で滑らせるべし。

長崎や佐世保を歩いていると鮮やかなグリーンのプラスティック製の大きな箱が、道端に伏せて重ねてある光景を目にすることがある。県外の人には全く想像がつかないであろうその箱の正体は、家庭ゴミの収集時に中にゴミを入れて収集車まで引いて運ぶ、**ソリ型引き出しカゴだ。**箱の裏には「スラセ」という木製やプラスチックのソリが付いており、坂道はもちろんちょっとした段差もなんなく乗り越えて滑る。引きずる際に「ガーッガーガーッ」とかなり大きな音が出るため、うっかりゴミを出し忘れても近くまで来ていることが分かり、慌てて何とか間に合ったという人も多いはず。坂が多い街ならではの、アイデアグッズだ。

下柳からひとこと

ソリがついたカゴは当たり前のようにありましたが、それが「スラセ」という名前だったことは初めて知りました。

オキテ81

マンホールの蓋に星印。一か所だけ星の形が違う。

長崎市内の街中に点在するマンホールの蓋には五芒星がデザインされている。これは長崎が安倍晴明ゆかりの地であるから…ではなく、長崎市のシンボルマークの一部を取って印されているからだとか。**しかし、市街地に一カ所だけ、五芒星でなく、「六芒星」がデザインされている場所がある。**その由来は定かではないが、もしかして地下に秘密の結社でもあるのだろうか。場所は浜町商店街の近く、近くに出かけた際にはぜひ探して欲しい。

六芒星

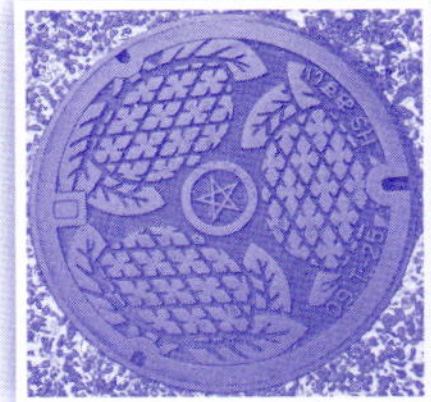

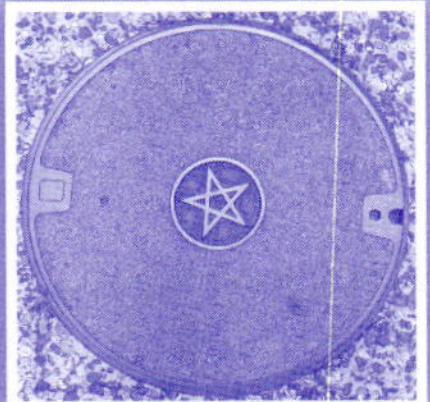

マンホールの蓋に五芒星

オキテ 82

壱岐&対馬の住人は福岡県民気分。

有名な長崎の離島といえば、壱岐・対馬・五島列島。どこも自然豊かな観光の人気スポットではあるのだが、壱岐・対馬の人たちは密かに福岡に近いことをちょっと自慢に思っている節がある。壱岐から**福岡まではフェリーで約2時間**で到着するが、長崎に行こうと思ったら飛行機に乗るか、一度福岡・唐津にフェリーで出てから陸路で行かなければならないため**半日以上もかかる**のだ。そのため若者たちもショッピングなどで気軽に福岡に出てきており、長崎よりも福岡に親近感を抱く人が少なくない。

対馬の烏帽子岳展望台から

壱岐の猿岩

オキテ 83

春の花見は、郊外か山に登らなければ不可能。

そもそも広い公園が少ないからか、花見をする習慣が他地域に比べて少ない気がします。

下柳からひとこと

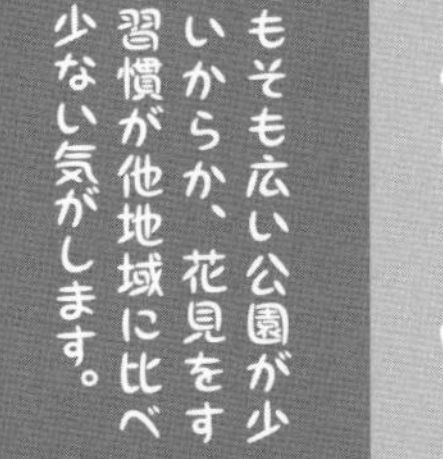

オキテ 83 春の花見は、郊外か山に登らなければ不可能。

ご存じの通り、長崎といえば坂の街。家々は山に張り付くように建てられているし、全体からするとわずかな面積の平地では、道路やビルがひしめきあって作られている。それゆえに、山あり海ありの風光明媚な地形で訪れる人々を魅了。そんな長崎市内では、平地に栄えた市街地に桜がたくさん植えられた**広々とした公園などは少なく**、桜の季節になると、ちょっと郊外まで足を運んだり、山の上まで行ったりして花見を楽しむ人が多い。

例えば、お花見スポットとしても知られる立山公園は長崎駅から1キロメートルほどだが、立山や西山にまたがる丘陵地のため、坂を上って到着する。ほかにも、五島列島や天草まで見渡せる権現山展望公園もお花見スポットに挙げられるが、長崎市街地から車で1時間ほどかかり、花見に行くにも一苦労。**特に、市内に住む長崎県人にとっては、テレビなどで花見の映像を見てもピンとこないことがある。**

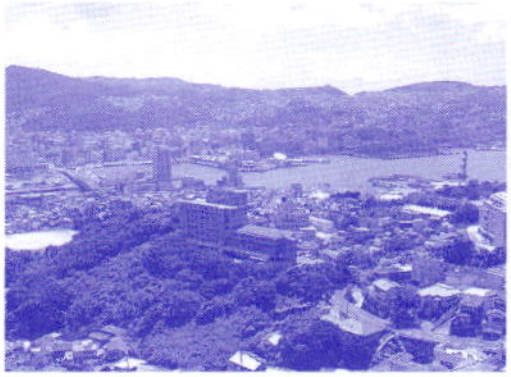

坂の町、長崎

オキテ84

「まちに行ってくる」といえば「浜町に行ってくる」という意味。

大型アーケードを持つ長崎県一番の繁華街といえば、浜町。行政上は「はままち」だが、通称「はまのまち」で、転じて**地元の人からは「はまんまち」と呼ばれている。**その名称通り、以前は海辺であったが江戸時代初期に埋め立てられ、商業地として開発が進んだ。長崎の老舗や名店がこぞってこの場所に集まったことから、浜町＝流行の最先端となり、長崎の人にとって「まち（都心）」と言えばこの場所を差すようになったという。銀座をブラブラするという意味の「銀ブラ」に対抗して「浜ブラ」という言葉がある。

浜町・大型アーケード入口

下柳からひとこと

これは間違いないね。町といえば、はまんまち！

オキテ 85

靴を脱いだらじゃがいもが!?

「あら～、じゃがいものできとらす」。よそのお宅にお邪魔した際に言われると、死にたくなるほど恥ずかしい、こんな指摘を受けた記憶を持つ長崎人は少なくないだろう。**じゃがいもは靴下の破れた穴から指がはみ出した状態**であることは、長崎では常識。

しかし、この表現は他の地方では通用しないのでご注意を。ちなみに、こうした靴下（指?）の状態を「おはよう」「こんにちは」と呼ぶ地域もあるという。挨拶でなく、食材の名を付けるのは、食いしん坊の長崎っ子ならでは?

オキテ86

転んだ後は膝小僧に「つ」ができる。

他県で言うと、「?」というリアクションをいただける方言シリーズの一つ。それが、「つ」だ。転んだ時の擦り傷を治すためにできる「つ」は長崎では常識で、北部九州の一部では通じるものの、九州を出ると、全く通じない。**一般的には「かさぶた」**というので、進学、就職で長崎を離れる前に覚えておくべき必須単語に入れておこう。しかし、かさぶたより「つ」と言う方が、治りが早いと思うのは、長崎の人間だけだろうか。

オキテ 87 「下界に下りる」は常用語。

ステレオタイプな感覚からすると、お金持ちのセレブたちが下々を見下ろす高台に邸宅を構えているイメージがあるが、**長崎の場合、セレブもそうじゃない人もみんな平等に仲良く高台の斜面に暮らし**て、美しい海や夜景を見下ろしている。多くの会社や商業施設や公共施設は限られた平地にひしめき合っているため、人々は日常的に「高台（天界）」から「下界」に下りる必要がある。ただ、時に下界で深酒をしてしまうと車の入らない天界に戻れず、痛い目に遭うことも。

オキテ88

これ、それ、あれ、どれは、「こい、そい、あい、どい」。

「こいば使ってってそいたちが言うけん、あいたちにはどいば渡せばよかか聞いた＝これを使ってとその人たちが言うから、あの人たちにはどれを渡せばいいか聞いた」。まるで恋や愛を頻繁に口にするひとたちが多いように聞こえる。厳つい顔のオジさんだって「オイは今コイに夢中たい！」などと堂々と話しているが、趣味のコレクションを友人に自慢する時に出てくる言葉。決して誤解のないように。

ちなみに長崎の「ワイ」は関西人のそれと違って自分のことではなく相手のことを指す。もし、**「ワイのこと、好いとるよ」**と言われたらそれは自己陶酔ではなく、あなたへの愛の告白なので気をつけよう。

オキテ 89

おしりも内蔵も同じく「じご」。

魚などの内蔵を「じご」と呼ぶのは北部九州全般の公用語のようなものだが、長崎では同じ「じご」という言葉で**「お尻」という意味**としても使う。体の部位を示す場合にも使用するが、多くは「ひえじご（臆病者）」として使われる場合が多い。

面白いことに、「じご＝尻」を使用する他の地域はお隣の佐賀や福岡ではなく、熊本。何故なのか詳細は分からないが、昔から船を使って交流が盛んに行われてきた長崎と熊本は、言葉や文化に類似点が多い。そう考えると、お尻という言葉をきっかけに熊本に親近感がわいてくるから不思議である。

オキテ90

「シトラス」の香りに反応してしまう。

みかんの仲間で爽やかな香りで、甘酸っぱい「シトラス」。「新発売、シトラスの香り、出ました〜」などと、その名をテレビで耳にすると、思わず反応してしまうのが長崎県民。果物の「シトラス」より、長崎弁の「しとらす」の方がなじみが深いからだ。**「しとらす」は英語の「DO」に近く、「何々をする」に軽めの尊敬が込められている。**それともう一つ、どんな仕事をしているのか？と尋ねる時にも用いる。「今、何しとらすと？」と問われたら、現在の状況を尋ねているのか？今の職業を尋ねているかのどちらかということになる。英語の what do you do? とほぼ同じ現象だ。ちなみに、長崎の一部では、「見ませんか？」と尋ねる時には「見んと（ミント）？」という。ミントにシトラスに、長崎の言葉は実に爽やかだ。

「しとらす」「しようらす」は最上級敬語です。年長者にしか使いません。

オキテ 91

島と山で構成されているので方言が異様に多い。

オキテ 92 スーパーマーケット「エレナ」は「エレファントナカムラ」の略。

佐世保を中心に40店舗以上を展開する庶民の台所、スーパー「エレナ」。生鮮食品の鮮度の高さに定評があり、お正月やお盆などエレナの刺身盛りを予約しておくのが定番という家庭も多い。

そして**エレナといえば、トレードマークの象。**シンプルなデザインで子どもたちからの覚えもよく、「ゾウさんの店」と呼ぶ子もいるとか。エレナの象へのリスペクトは店名にも表れている。

創業当時は「中村食品ストアー」として開業したが、後に店名を「エレファントナカムラ」**略して「エレナ」**に変更している。企業規模は創業からの五十数年で拡大しているが、日々の暮らしに寄り添う方針に変わりはなく、2015年には高齢者や車の運転ができず気軽に買い物に出かけられない人のため、移動スーパー「パオパオ号」をスタートし好評を博している。

オキテ 93

北海道や東北では〝座る〟を意味する「ねまる」は、長崎では〝腐る〟。

夏場にお弁当を開いた時などに「これ、ねまっとる？」「あら！ねまっとるね」という会話を聞いたことがある人は多いだろう。長崎県民は、「ねまる（腐る）」という言葉をよく使用する。**食べ物が傷んでいる場合**はもちろん、**仕事でいいアイデアが出て来ずに考えが煮詰まってしまう状態**も、「ねまる」。

しかし、北海道や東北の人と会話をする時にはご注意を。同じ「ねまる」が、あちらでは**〝座る〟**という意味で使われている。「新企画がねまってしまって～」などと相談しても、通じない場合が多いのだ。相手が柔軟な思考を持つ北海道の人なら「…座り込むようにアイデアが固まっているってことかしら？」と奇跡的に理解してくれる、かもしれない。

下柳からひとこと

ねまるは腐る一歩前なのか、腐りきったあとなのかは、個々によって見解が異なります。

オキテ 94

「やぜか」は使いすぎて翻訳できない万能語。

「やぜか〜!」とは若者が日常的に使う言葉である。〝うっとうしい〟という意味で使われているが、この**「やぜか」の汎用性の高さは長崎弁の中でもトップクラス**かもしれない。ざっと見繕っても〝うっとうしい〟の他に〝面倒くさい〟〝しつこい〟〝だるい〟〝つまらない〟等々、すべてマイナスの意味だがTPOにより上手く使い分けられており、対象が人でも問題でも湿気などにも用いられる。

ちなみに長崎人から「わい(お前)、やぜかっさ」と言われた場合には、ちょっと自分の言動を省みたほうがいいかもしれない。

オキテ 95

長崎県民なら「ほげる」「ほがす」を使いこなすべし。

1文字の違いで意味合いが大きく異なってくるのが、方言の不思議なところ。他県からやってきた人は懸命に方言を覚えて地域に溶け込もうとするが、ニュアンスの違いやイントネーションを完璧に理解するのはなかなか難しい。長崎弁は、「ほげる」「ほがす」を使いこなして初めて〝長崎人〟と認められるとか、そうでもないとか。字面にすると「げ」「が」の違いのみだが、この一文字だけで、自動詞か他動詞かが決まる。


【使用例】 **「靴下に穴のほげとるよ！あんたがほがしたと？」**

（靴下に穴が開いているよ！あなたが開けたの？）

「うちは、ほがしとらん！知らんうちに、ほげたと！」

（私が開けたわけじゃないよ！いつの間にか開いてたの！）

オキテ 96

しーらんたい、こーらんたい。せーんせいに言うてやろー！

なぜかは分からないが、全国の小学生が共通して使う言葉が存在する。その代表格とも言えるのが**「せーんせいに言うてやろー!」**という告げ口の常套句だ。

この前に、どんな言葉を持ってくるかで県民性がわかるともいわれている。関東では**「いーけないいんだ、いけないいんだ!」**。関西では**「あーかんのに、あかんのに!」**。それでは長崎はというと、**「知ーらんたい、こーらんたい!」**だ。

不思議なのは、長崎では「〜ばい」と異なり「〜たい」という言葉を通常の方言では使用しない場合が多い。なのに、この告げ口の場合には何故か「知らんたい」となる。ちなみに語尾に「たい」をつける事の多い福岡では「知ーらんばい、知ーらんばい」が多いので、福岡弁というわけでもないようだ。

さらにいえば、「知らん」は分かるが「こらん」とは?考えて分かる問題ではないが、音の違いで憎たらしさを表現しているのかもしれない。

オキテ 97

特定の年齢層は「J」を「ぜぃ」、「せ」を「しぇ」、「さ」も「しゃ」。

九州の人たちは「さ行」の発音が苦手だとよく言われるが、加えて同じ「さ行」で**なぜか50代以上の長崎県民に時々みられる現象**が、「J」を「ぜぃ」、「せ」を「しぇ」、「さ」を「しゃ」と発音している。「JR」や「JA」などと日常的に出てくる固有名詞に「J」が増えていっており、さぞや困っているのではと思いきや意外に本人たちは気付いていなかったり、気にしていない。そう、江戸っ子だって「ひ」を「し」と発音して粋だねえと言われているのだ。「〝ぜぃあーる〟に乗って〝しぇんしぇい〟に会いに行く」。江戸弁と同じくそんな味のある言葉を話す世代が減っていくのは、ちょっと淋しい気がする。

オキテ98

諫早では水を掛けられたらみんな「あっぴ」と言っちゃう。五島は「あっぱよ」。

例えばふいに水をかけられた時、ひとは何と叫ぶか。**「ウワッ！」とか「ひゃっ！」**なんて言う人は当たり前。どうやらこの叫び声がご当地によって違うらしい。探偵たちが視聴者からのユニークな疑問難問を解決する某テレビ番組でも取り上げられたことがあるという。我らが長崎の**諫早市民は「あっぴ！」**と言う。**宮崎は「ういっ！」**、**熊本は「えちゃ！」**、**佐賀は「ありっ！」**といった感じだ。ちなみに同じ長崎の**五島では「あっぱ（よ）！」**と言うそうだが、危ない時や驚いた時に発する言葉として日常的に使われている。これがどうやら韓国語の「アッパ（ヨ）」＝「痛い（です）」からの流れではという推測も一部ではあるようだ。

オキテ 99

対馬の人は友達のことをチングと呼ぶ。

九州の北方、玄海灘に浮かぶ対馬列島は、古くから大陸との交流が続けられ、物や文化、さまざまな人々がこの地を往来してきた。地理的に朝鮮半島と近く、国境という垣根のない時代から韓国との交流も続けられてきた土地だ。そのため、朝鮮半島から伝わったものがそのまま根付いているということも。対馬では友達のことを**「チング」**、畑を耕すことを**「パル」**といい、これはまさに**韓国語がルーツ**。ほかにも、対馬の郷土料理であり、甘辛のタレに豚肉を漬け込んで野菜と一緒に焼いた「とんちゃん焼き」は、韓国人がこの地に広めた料理としても知られている。

また、今では夏になるとこの地で「対馬ちんぐ音楽祭」が開催され、日本と韓国それぞれのアーティストを招いて音楽を通して交流を続けている。

オキテ 100

〝春一番〟発祥の地がある。

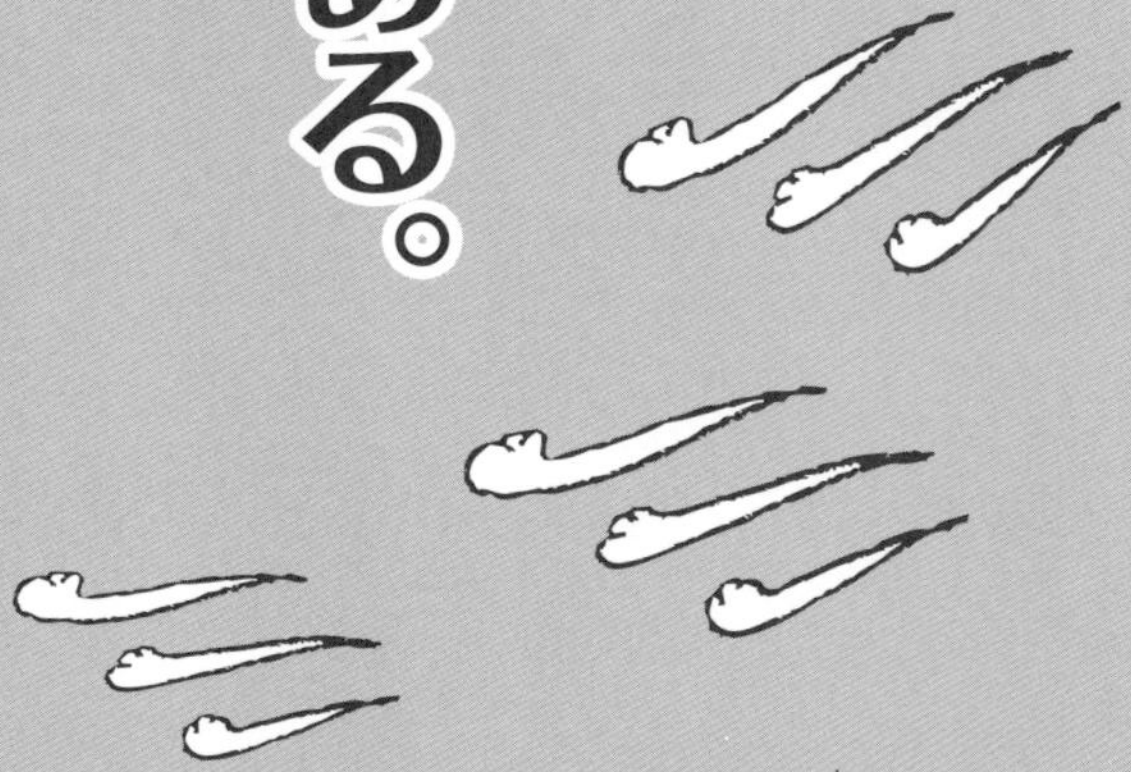

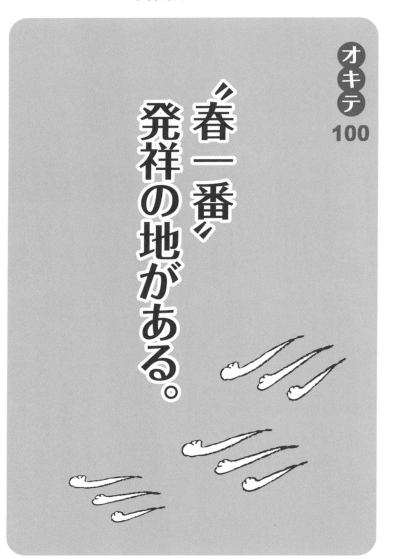

立春から春分の間の時期に、その年初めて吹く南寄りの強い風のことを「春一番」と呼ぶ。気象用語としても使われ、ニュースなどでこの言葉を聞くと春が近づいていることを感じる。この言葉が生まれたのが壱岐だということをご存じだろうか？春の訪れを知らせる明るいイメージの「春一番」という言葉。その裏には、実は悲しい事故が起きていた。

１８５９（安政６）年２月13日、五島沖に出向した壱岐の漁師53人が、強い突風に遭い全員水死してしまう。**以来、春先の強い南風を「春一」や「春一番」と呼ぶようになったことがはじまりだ。**今でも２月13日に壱岐の漁師たちは出港をせず、「春一番供養」を行っている。

また、壱岐市郷ノ浦町の元居公園には、自然の怖さを忘れないようにと「春一番の塔」があり、その近くには遭難者の慰霊碑も建てられている。

春一番の塔（郷ノ浦町）
壱岐市
写真提供：長崎県観光連盟

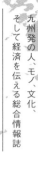

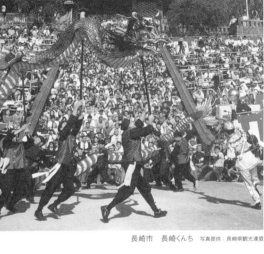

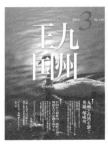

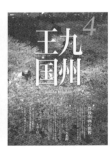

九州のいいとこ、もっともっと掘り下げよう!

「九州の文化の振興と経済の発展に寄与する」ことを編集方針として、歴史や文化、食、観光、経済、貿易など多岐に亘る「九州の豊富な資源」を取り上げて毎号特集にしている文化情報誌。九州の人には、未だ知らなかった地元の新しい魅力や意外な歴史に気付き、さらにこの土地を愛していただけるように。九州以外の人には、さまざまな「資源」が詰まったポテンシャルの高い土地である九州へ興味を持ち、より積極的に訪れていただけるように。九州全体を盛り上げていきたいという願いを込めて、毎号斬新な切り口で編集しています。

また、九州がアジアの玄関口を目指すよう目はアジアにも向き、九州・アジア間の文化的・経済的交流や、アジア各国の情報も積極的に取り上げています。

監修
下柳 剛

月刊九州王国編集部 著

執筆
上田瑞穂
屋成雄一郎
諸江美佳
中川内さおり
二子石悦子
前原礼奈

デザイン・DTP・カバーデザイン
有馬沙里

長崎共和国のオキテ100ヵ条
～「でんでらりゅう」を極めるべし!～

2016年 5月 30日　第1版・第1刷発行

監修者　下柳　剛（しもやなぎ つよし）
著　者　月刊九州王国編集部（げっかんきゅうしゅうおうこくへんしゅうぶ）
発行者　メイツ出版株式会社
　　　　代表者 前田信二
　　　　〒102-0093 東京都千代田区平河町一丁目1-8
　　　　TEL：03-5276-3050（編集・営業）
　　　　　　　03-5276-3052（注文専用）
　　　　FAX：03-5276-3105
印　刷　株式会社厚徳社

● 本書の一部、あるいは全部を無断でコピーすることは、法律で認められた場合を除き、著作権の侵害となりますので禁止します。
● 定価はカバーに表示してあります。
Ⓒ エー・アール・ティ, 2016.ISBN978-4-7804-1636-7 C2039 Printed in Japan.

メイツ出版ホームページアドレス http://www.mates-publishing.co.jp/
編集長：折居かおる　企画担当：堀明研斗　制作担当：清岡香奈